행복한 부자를 꿈꾸는

_____ 님께

이 책을 선물합니다.

우선 그동안 열심히 살아줘서 고맙다.
참 쉽지 않은 시간이었다.
취업하면 끝인 줄 알았는데, 또 새로운
도전이 시작되었을 거다.

그래도 당신이 이 글을 읽고 있다는 것 자체가
다른 사람들보다 조금은 앞서가는 거라 생각한다.
하지만 여기서 멈추면 절대 안 된다.
당신은 분명 마음 깊은 곳에서 '부자'를
열망하고 있을 거다.

지금 주변사람 다섯 명을 떠올려 보자.

아무리 떠올려도 주변에 부자가 없다면,

당신은 앞으로도 부자가 되지 못할 확률이 높다.

"지금이라도 집을 살까요? 그냥 전세를 얻을까요?"

"지금 제 상황에서 차를 사는 게 맞을까요?"

"주식? 코인? 어떤 종목에 투자해야 할까요?"

이런 질문들에 대한 답변을 부자가 아닌 사람들에게서 들어봤자

결과는 그들 정도가 될 테니 말이다.

주변에 부자가 없다고 실망할 필요 없다.
당신이 보내는 '절대 시간' 자체를
부자의 생각과 행동으로 바꾸면 된다.
당신과 삶의 방향성이 비슷한
사람들과의 시간을 늘리면 된다.
그 시간들이 모여
당신의 인생을 바꿀 것이다.

그리고 자신을 잘 알면 된다.
부자가 되고 싶다는 추상적인 목표로는
주변사람들의 말에 흔들리지 않고
나의 길을 가기가 쉽지 않다.
자신을 알고 분명한 목표와 계획이 있다면,
그리고 노력하고 있다면,
주변의 어떤 이야기에도
흔들리지 않을 수 있다.

당신이 그 상태까지 꼭 가봤으면 좋겠다.
앞으로 가는 길이 결코 쉽지 않을 거다.
그럴 때마다 이 말을 기억했으면 한다.

"명확한 목적의식은 그 과정에서 오는 고난과 역경에
당위성을 부여한다. 고로 명확한 목적의식이야말로
성공에 있어서 가장 중요한 본질이다."

후배가 나에게 해준 말이다.
나는 힘들 때마다 이 말을 떠올리며 힘을 낸다.

당신은 충분히 할 수 있고, 해낼 수 있는 사람이다.
목표를 명확히 하고 하루하루 묵묵히 해나간다면
분명 당신이 원하는 모습에 가까워져 있을 거다.

그 길을 같이 걸어갔으면 한다.
당신을 응원한다, 항상!

돈 버는 뇌
못 버는 뇌

가난의 함정에
빠지도록 설계된
당신의 사고방식을
180도 전환하라

시크릿브라더 지음

돈 버는 뇌

못 버는
뇌

그만 의심하고,
그만 착각하고,
돈 버는 성장형 사고방식으로
부의 본질을 꿰뚫어라

BM 황금부엉이

선한 영향력을 주는
건강하고 행복한 부자

램프의 요정 지니가 당신에게 묻습니다.

"혹시 부자가 되고 싶으신가요? 저는 당신의 뇌를 공짜로 바꿔드릴 수 있습니다. 돈 버는 뇌로 바꿔드릴까요? 아니면 못 버는 뇌로 바꿔드릴까요?"

'이건 뭐 하나 마나 한 질문을 하고 있어?'라고 생각하며 아마 대부분의 사람들이 돈 버는 뇌를 선택할 것입니다. 그런데 지니가 씨익 웃으며 말합니다.

"공짜로 바꿔드리기는 하지만, 당신이 하기 싫은 일을 매일 3시간씩 해야 합니다. 그래도 바꿔드릴까요?"

누군가 나를 부자로 만들어준다고 하는데 이를 거부할 사람이 있을까요? 일원론적 깨우침을 얻은 일부의 현자들을 제외한 대부분의 사람들이 부자가 되길 원할 겁니다. "돈? 많으면 좋겠지. 하지만 돈이 전부는 아니야. 난 그렇게 아등바등 살고 싶지 않아. 지금의 삶도 충분히 만족스럽거든. 하루하루 감사하며 가족들과 행복하게 살고 싶어"라고 말하는 사람도 세상이 유혹하는 물질적 풍요에서 자유롭기는 쉽지 않은 것이 현실입니다. 말은 이렇게 하지만 매일 SNS를 보며 해외여행을 다니는 친구를 부러워하고, 외제차를 타는 친척을 부러워하고, 명품으로 온몸을 치장한 인플루언서를 동경하니까요.

'부자가 되어 싶어 vs 이렇게까지 살고 싶진 않아'

사람들은 부자가 되길 열망하지만 정작 본인들이 하기 싫은 일을 하면서까지 부자가 되고 싶어 하진 않습니다. 그래서 평생 이 고민을 하며 살아갑니다. 부자가 되는 방법은 다양하지만 대원칙은 간단합니다. 종잣돈이 부족할 때는 열심히 돈을 모으고, 그렇게 모은 돈을 좋은 자산에 투자하고, 결국 그 자산이 나의 일꾼이 되어 내가 일하지 않아도 돈을 벌어주는 시스템을 만들면 부자가 됩니다.

이 방법을 모르는 사람은 없습니다. 하지만 실제로 실천하는 사람은 극소수입니다. 자산이 수백억, 수천억인 부자들이 책에 담은 내용들도 너무나 뻔합니다. '책을 많이 읽어라', '만나는 주변사람들을 바꿔라', '대중과 반대로 투자하라' 등 삼척동자도 알 만한 얘기들이죠. 이렇게 친절하게 모든 걸 알려주는데도 사람들은 부자가 되지 못합니다. 먼저 부자가 된 사람이 알려준 방식 그대로 꾸준히만 실천한다면 부자가 될 수 있는데도 말입니다.

대부분의 사람들은 모든 노하우를 담은 책이 단돈 2만 원이 안 되는데도 힘들게 그 책을 쓴 저자를 폄하하거나, 그조차 해내지 못하는 자신을 정당화하기 위해 책 내용을 엉터리로 치부해 버립니다. "그거 한다고 부자 되냐? 그러면 이 세상 사람들 다 부자게?"라고 투덜대면서 말입니다. 다이어트의 정답이 '적게 먹고 운동하기'이지만 이를 부정하거나 실천하지 못하는 것처럼, 부자가 되는 것의 정답도 너무나 뻔하고 간단해서 그 방법을 실천하고 지속적으로 노력하는 사람이 많지 않기 때문에 부자가 되는 사람은 늘 소수입니다.

결국 부자와 평범한 사람의 차이는 새롭고 획기적인 방법을 알고 있느냐가 아니라, 누구나 알고 있는 뻔한 것을 지속적으로 노력할 수 있느냐에서 갈립니다. 돈 버는 뇌를 갖는다는 것은 번뜩이는 아이디어를 생성하는 어떤 능력이 아니라, '부자의 마인드'를 장착한다는 의미가 됩니다. 지극히 평범한 당신도 마인드만 바꿀 수 있다면 큰돈을 벌 수 있는 뇌를 가질 수 있다는 뜻입니다. 최근에 본 기억에 남는 댓글이 있습니다.

'노력도 재능이다.'

이 댓글에 많은 공감과 대댓글이 달렸습니다. 생각보다 '노력'이란 단어에 대한 부정적인 인식이 많은 듯했습니다. 어쩌면 맞는 말인지도 모르겠습니다. 노력해야 한다는 것도 알고 그것을 해내야 성과를 이룰 수 있다는 것도 아는데, 그게 마음처럼 안 되니 그것 자체가 재능처럼 보이는 것 같습니다. 하지만 노력=재능이라는 생각은 너무 일차원적인 생각입니다. 노력을 재능의 영역으로 치부하는 순간, 더 이상 노력할 필요가 없는 사람이 되어버립니다. 노력이란 능력을 타고난 사람만 할 수 있는 것이라고 생각하기 때문입니다.

이런 일차원적인 생각은 당신을 더 이상 성장할 수 없게 만듭니다. 당신은 그것보다 훨씬 잘 해낼 수 있는, 보석이 될 수 있는 원석인데도 말입니다. 그 댓글에 단순히 공감하고 노력하지 않는 것이 일차원적인 반응이라면, 이렇게 많은 사람들이 노력이라는 것을 어려워 하는구나를 깨닫고 내가 저들보다 딱 하나씩만 더 해내면 성공할 수 있겠구나를 깨닫는 게 이차원적인 생각입니다. 여기서 더 나아가 계획을 짜고 그것을 이루기 위해 하나씩 실천해나가는 게 삼차원적인 행동입니다.

사람들은 기회는 없다고, 지금은 늦었다고 말합니다. 하지만 대부분의 경우는 현실과 다릅니다. 모두가 알지만 실제로 행동하는 사람은 소수이고, 이것을 지속할 수 있는 사람은 정말 극소수입니다. 그러니 어떤 분야든 여전히 기회는 있습니다. 당신이 노력할 마음의 준비만 되어있다면 말입니다. 이것을 깨닫느냐 깨닫지 못하느냐에 따라 인생이 달라질 뿐입니다.

이 책은 뇌과학을 다루는 책은 아닙니다. 당신의 뇌에 자리 잡고 있는 잘못된 생각들을 바로잡는 '마인드'에 대한 책이고, 당신의 뇌 깊숙이 박혀있는 빈자의 마인드를 부자의 마인드로 바꿔줄 수 있는 책입니다. 열심히 살았지만 부자가 되기 어려운 '못 버는 뇌'를 가지고 있었던 제가 어떻게 '돈 버는 뇌'로 바뀔 수 있었는지를 저만의 이야기로 녹여냈습니다.

이 이야기는 저의 경험을 바탕으로 한 소중한 성찰이지만, 마음가짐이나 마인드에 대한 내용이라 뻔하고 지루할 수도 있습니다. 그래서 어쩌면 누군가는 이 책을 읽으며 시간 낭비라고 생각할지도 모르겠습니다. 이 책을 읽을 시간에 세계적인 석학들의 뇌과학 관련 논문을 읽거나 앙드레 코스톨라니의 책을 읽는 것이 훨씬 도움이 된다고 생각할 수도 있으니까요. 어쩌면 맞는 말입니다. 저는 그분들과는 비교도 될 수 없을 만큼 하찮은 존재니까요. 하지만 정말 중요한 것은 그 책의 내용이 얼마나 심오하고 위대한가보다 읽는 사람이 그것을 읽고 얼마나 공감을 하고 자신의 인생에 적용할 수 있느냐입니다.

제가 생각하는 좋은 책이란, '읽기는 쉽지만 내용은 결코 가볍지 않고, 내가 실천은 못하고 있지만 충분히 공감되고, 내 몸이 움직일 수 있도록 좋은 자극을 주는' 책입니다. 저는 그런 책을 써보고 싶었습니다. 첫 번째 책 〈나는 1,000만 원으로 아파트 산다〉(황금부엉이, 2021)에서에서 제가 알고 있는 부동산 지식들을 체계화해서 누구나 알기 쉽게 설명했다면, 이번 책에서는 누구나 아는 뻔한 이야기들을 뻔하지 않으면서 재미있고 공감이 되도록 써보고 싶었습니다.

저는 전문가도 아니고 부자도 아니기 때문에 책을 어렵게 쓸 수 없습니다. 다만 한 가지, 누구보다 뛰어난 공감 능력을 바탕으로 누구나 아는 뻔한 이야기를 지루하지 않게 풀어낼 수 있다고 자부합니다. 이 책은 누구나 술술 읽을 수 있도록 쉽게 썼습니다. 하지만 그 안에 담긴 이야기는 결코 가볍지 않습니다. 이 책이 당신의 마음에 작은 불씨를 만들어 그것이 긍정적인 행동의 변화로 이어지길 희망합니다. 만약 단 한 사람이라도 이 책을 읽고 행동에 옮겨 인생이 바뀌었다면, 책을 쓰면서 고뇌하고 힘들었던 시간들이 눈 녹듯 녹아내릴 것 같습니다. 또 제 인생 목표인 선한 영향력을 드렸다는 생각에 더없이 기쁠 것 같습니다. 제가 힘들 때마다 꺼내 보던 한 수강생과의 카톡 내용을 소개합니다.

> 전 외강내유, 소심하고 맘 약한 다혈질입니다. 퇴직한 동료 강사들이 대리운전, 택배를 할 때 그럴 자신도 없어 부동산으로 돈 벌겠다고 큰소리치고는 속으로 걱정만 하던 상황이었습니다. 퇴근 후 밤늦게 강의 찍으시는 시브님이나 아이들 재우고 밤늦게 강의 듣다 잠들었다는 4기분들 보면서 제가 정말 부끄럽고 한심했습니다. 무직, 살림남이라 남들보다 시간이 많고 한가해서 강의를 좀 더 들을 수 있었을 뿐인데, 내가 노력한 게 있었나? 카톡 받은 후 많이 생각하고 다시 읽어봅니다.

'당신, 열심히 하니까 잘될 거예요' 이런 느낌이 아니라 뭔가 답답하고 불안하던 상황에 엄청난 위로를 받은 느낌입니다. 할 수 있을까? 잘될까? 스스로 의심했던 상황이었는데 큰 확신과 자신감이 생기는 느낌입니다. 글 쓰면서도 울컥하네요. 정말 정말 고맙습니다. 강의만으로도 너무 감사한데, 시브님이 전하는 선한 영향력이 생각하시는 것보다 엄청난 것 같습니다. 5기, 6기…… 앞으로 만나는 제자들에게도 칭찬과 격려, 많이 해주세요.

훗날 제가 작은 부자가 된다면 오늘 저녁을 터닝포인트라고, 내 인생이 바뀐 순간이 오늘이었다고 자신 있게 말할 수 있을 것 같습니다. 다시 한 번 진심으로 감사드리고, 낼부터는 다시 샤이 모드로 지내겠습니다. 진심으로 고맙습니다.

　　제가 누군가의 인생에 터닝포인트를 제공할 수 있는 사람이 되었다는 것, 제가 가진 생각과 마인드로 앞으로 더 많은 사람의 인생에 터닝포인트를 줄 수도 있겠다는 생각이 저를 다시 일으켰던 것 같습니다. 그래서 이 책 또한 누군가의 인생을 바꿀 수 있다는 생각으로 정말 최선을 다해 썼습니다. 제가 살면서 느끼고 배운 것들을 최대한 솔직하게 담으려고 노력했습니다. 그래서 따뜻한 위로의 말이나 칭찬, 격려보다 채찍과 같은 강한 자극을 받을 수 있습니다. 투자에 실패하고 치열한 경쟁에 지친 당신께서 필요한 것이 "오늘도 수고했어요, 괜찮을 거예요." 같은 위로라면 이 책을 덮어도 좋습니다.

하지만 정말 간절히 성공을 원하고 부자가 되고 싶은데 왜 자꾸 실패하는지 그 이유를 모르겠다면, 그리고 그 이유만 알면 어떤 노력이라도 할 준비가 되어있다면 꼭 이 책을 읽었으면 좋겠습니다.

마음이 흔들리고 지칠 때마다 이 책을 꺼내보면 좋겠습니다. 아마도 책 속 저의 성찰이 당신의 뼈를 사정없이 때릴 겁니다. 하도 맞아서 뼈에 멍이 시퍼렇게 들었다고 해도 계속 때릴 겁니다. 그러니 각오가 되어있는 사람들만 정신 바짝 차리고 따라오면 좋겠습니다. 따라온 그 길의 끝에는 그동안 만날 수 없었던 새로운 세상이 기다리고 있을 거라 확신합니다.

당신의 뇌를 '돈 버는 뇌'로 바꿀 준비가 되셨나요?
'부자의 마인드'로 갈아탈 준비가 되셨나요?
준비가 되셨다면, 저와 함께 그 비밀의 문을 열어보시죠.

Chapter 2
그럼에도 노오오력을 해야 하는 이유

Chapter 3
경험은 최고의 스승이다

Chapter 4 꾸준함이 부자를 만든다

Chapter 5 인생의 진리는 너무나 쉽다

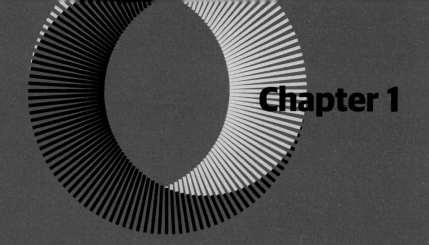

Chapter 1

시크릿
브라더로

산다는 것

"어제와 똑같이 살면서
다른 미래를 기대하는 것은
정신병 초기 증세다."

-아인슈타인

얼마를

벌어야

행복할까?

누구나 부자가 되고 싶어 한다. 돈이 얼마나 있어야 부자일까? 10억? 50억? 10억을 벌면 옆에 있는 30억 부자가 보이고, 30억을 벌면 50억 부자가 보이지 않을까? 그래도 그 금액에 만족할까? 대부분이 대답을 주저할 것이다. 왜냐하면 부자의 모습이 명확하지 않기 때문이다. 막연한 동경과 꿈만으로는 부자가 되기 힘들다. 구체적인 목표와 목적의식이 없다면 엉뚱한 방향으로 흘러가거나 중간에 포기하게 된다. 부자가 되기 위해 '무작정 열심히만 사는' 사람들은 지금부터 하는 이야기에 귀를 기울이자.

사람들이 갈수록 조급해하고 투자가 힘들다고 느끼는 이유는 목표가 확실하지 않기 때문이다. 목적지가 있는 배는 심한 파도 속에서도 나아가지만, 목적지가 명확하지 않은 경우에는 아무리 열심히 항해를 해도 제자리에서만 맴돌게 된다. 왜 투자를 하는지, 왜 열심히 사는지에 대해 스스로에게 물어본 적이 있나? 아마 없을 것이다. 그래서 하루에도 몇 번씩 마음이 흔들린다.

세상이 변한 만큼 투자 트렌드도 참 빠르게 바뀌고 있다. 아버지 세대에는 저축이 최고의 투자였다. 은행에만 돈을 넣어놔도 돈이 쑥쑥 불어났던 시절이었다. 그러니 굳이 다른 투자 수단이 필요 없었다(물론 그때도 부동산에 투자했다면 훨씬 좋은 수익률을 거뒀겠지만). 그래서 부모님의 가르침을 받은 3040세대들은 자연스럽게 저축이 가장 안전하고 좋은 투자 수단이라고 생각했다. 드물긴 하지만 지금도 저축이 최고라고 생각하는 사람들이 있다(물론 종잣돈을 모으기 위해 강제로 하는 저축은 예외다. 종잣돈을 모으는 최고의 수단은 강제 저축이다).

금리가 낮아지고 더 이상 은행 예금과 적금으로만 돈을 벌 수 없는 시대가 되자 자연스럽게 다른 재테크 상품들이 주목받기 시작했다. 이때가 나의 20대 시절로 당시 유행하던 책들이 〈대한민국 2030 재테크 독하게 하라〉, 〈대한민국 20대 재테크에 미쳐라〉 같은 것들이었다. 펀드, 연금저축, ETF 등에 대한 설명과 투자법에 대한 내용도 많았지만 책마다 결론은 비슷했다. '저축으로 돈 버는 시대는 끝났다'는 것이다. 지금은 주식과 코인, 부동산 등 '직접 투자'와 관련된 책들이 서점을 장악하고 있다. 지금 세대에게는 저축과 간접 투자로는 돈을 벌 수 없다는 인식이 강하게 자리 잡고 있기 때문일 것이다. 큰 상승장을 지나 모든 자산이 하락하고 있는 이 시점에도 여전히 저축의 선호도는 높지 않다. 아무리 금리가 높아도 저축만으로는 부자가 되기 어렵다는 사실을 깨달은 사람들이 많기 때문이다.

투자의 방향성과 유행은 저축 → 간접 투자 → 직접 투자 순으로 변해왔다. 하지만 변하지 않는 게 있다. 그건 바로 '돈을 벌고 싶은 마음'이다. 우리가 저축이나 펀드 혹은 코인에 투자하는 이유는 돈을 벌고 싶기 때문이다. 모두가 '투자'라는 행위를 하고 있지만 놓치고 있는 게 있다. 그건 바로 '얼마를 벌고 싶다는 목표'다. 사람들은 구체적인 액수를 정하지 않은 채 투자를 한다. 노후 준비를 위해 얼마가 필요할까? 얼마나 있어야 나와 내 가족이 풍족하게 먹고 살 수 있을까? 얼마를 벌면 행복할까? 이런 생각도 없이 무작정 투자만 하고 있다.

- ▶ **투자를 시작하기 전에는 반드시 목표 설정부터 해야 한다. 목표 액수가 없는 투자는 목적지 없는 항해와 비슷하다. 아무리 열심히 항해해도 망망대해에서 벗어날 수 없다. 시간이 흐를수록 연료도 식량도 떨어져 결국 거센 파도에 잡아먹히게 된다.**
- ▶ **투자도 마찬가지다. 구체적인 목표도 없이 투자를 시작하면 중간에 포기하거나 표류하게 될 확률이 높다.**
- ▶ **투자 행위는 좋은 결과를 쉽게 주지 않기 때문에 조금만 힘들거나 작은 위기가 오면 이를 극복하지 못하고 포기해버릴 수 있다. 생각하는 대로 사는 것이 아니라 사는 대로 생각하게 되는 것이다.**
- ▶ **지금까지 투자로 큰 재미를 못 봤거나 여기저기 기웃대며 제자리걸음을 하고 있다면, 반드시 '구체적인 투자의 목표가 있는지'부터 점검하라.**

그렇다면 어떤 목표를 세우는 게 좋을까? 우선은 얼마를 벌면 행복할지, 하고 싶은 것을 하기 위해 얼마가 필요한지부터 계산해봐야 한다. 그런 다음 목표 금액을 정한다. 10억? 100억? 이건 사람마다 다를 것이다. 처음에는 1억만 모으면 행복할 것 같았지만 막상 1억을 모으니 3억이 있으면 좋을 것 같고, 3억을 모으니 10억이 있으면 좋을 것 같은 게 사람 마음이니까. 그래서 목표 금액을 정할 때 선행되어야 하는 것이 '왜 돈을 벌고 싶은가'에 대한 생각이다.

나는 45세까지 순자산 50억 이상, 총자산 100억 이상, 그리고 '임대 소득+배당 소득+콘텐츠 소득'으로 월 3,000만 원 이상을 목표로 정했다. 이 정도 금액이면 내가 생각하는 행복한 삶을 살 수 있다고 생각했다. 금액을 생각하기 전에 '나는 언제 행복하지?'에 대해 생각해봤다. 그래야 행복을 위해 뭐가 필요하고 얼마가 필요한지 알 수 있다. 나는 가족들과 여행을 다닐 때 가장 행복하다. 그래서 언제든 떠날 수 있고, 퍼스트클래스도 탈 수 있고, 세계 일주도 할 수 있는 삶을 살고 싶다. 당연히 가족들이 경제적인 걱정을 하지 않도록 책임도 져야 한다. 그러기 위해 얼마가 필요한지 계산해 보니, 순자산 50억 이상에 직장을 다니지 않더라도 월 3,000만 원 정도의 수익이 들어온다면 충분하다는 계산이 나왔다.

이렇게 하고 싶고 되고 싶은 구체적인 목표와 목표 금액이 생기니까 더 열심히 살게 되었다. 가끔 너무 힘들게 달리고 있는 것이 아닌가 하는 생각이 들 때도 있다. 하지만 목표가 있으니 해내게 된다. 여기서 관두거나 포기해버리면 내가 생각한 행복이 모두 날아가 버릴 것 같으니까. 만약 이런 구체적인 꿈과 목표가 없었다면 아마 내 자신과 타협했을 것이다. 오늘은 힘드니까 하루 쉬자, 뭐하러 돈 버냐? 내가 아프면 무슨 소용이야! 그냥 평범하게 살자. 이런 생각을 수없이 했지만 나보다 앞서 나가는 친구들을 보며 조급해하지 않고 내 페이스를 유지할 수 있었던 건, 구체적인 나만의 목표가 있었기 때문이다. 명확한 목표가 있다면 남들이 아닌, 어제의 나와 비교하면서 뚜벅뚜벅 목표를 향해 나아갈 수 있다.

자꾸 남과 비교하면서 나의 성과에 부족함을 느끼고 조급해진다면 돈을 벌고 싶은 명확한 목표부터 확인하라. 그 목표를 위해 오늘 하루를 얼마나 열심히 살았고, 어제의 당신보다 얼마나 나아졌는지를 체크한다면 불안감이 많이 해소될 것이다.

부자들이 공통으로 하는 말이 있다. '돈을 버는 것은 밥을 먹는 것과 비슷하다.' 배가 고프면 많이 먹고 싶어서 이것저것 시키지만, 어느 정도 배가 부르면 더 이상 음식이 맛있게 느껴지지 않는다. 돈도 마찬가지다. 어느 정도 금액 이상을 벌고 나면 액수에 무던해지고 큰 행복감이 느껴지지 않는다.

돈을 버는 것도, 각자 담을 수 있는 그릇의 크기도 다르기 때문에 다른 사람과 목표가 같을 필요는 없다. 중요한 것은 자신이 되고 싶은 모습과 목표부터 정하고 그 다음에 그에 맞는 돈의 액수를 정하는 것이다. 그리고 목표를 향해 한 걸음 한 걸음 천천히 나아가면 된다. 만약 투자 때문에 심란하고 불안해지는 시기가 온다면 이 글을 다시 읽어보자. 내가 애초에 생각했던 목표를 상기하며 마음을 다잡자. 명확한 목적의식은 고난과 역경에 당위성을 부여할 테니. 생각날 때마다 스스로에게 물어보자. 그리고 목표를 되새기자. 너는 왜 돈을 벌고 싶니?

'부캐'로
월 500만 원

이상을

벌고 싶다면?

나는 2021년부터 생산자의 삶을 살고 있다. 처음부터 명확한 목표의식을 가지고 시작한 것은 아니었다. 나보다 늦게 부동산 투자법 공부를 시작한 분들에게 도움이 되고 싶어서 글을 쓰기 시작했는데, 그 글들이 많은 사랑을 받게 되면서 책도 쓰고 강의도 하는 사람이 된 것이다. 지금부터 '시크릿브라더'라는 나의 부캐가 어떻게 탄생했고, 부캐로 어떻게 부수입을 얻게 되었는지 살펴보자.

부동산 투자법에 대한 글을 쓰기 전에는 블로그로 부수입을 얻었다. 키워드 검색으로 사람들이 관심 있어 하는 글을 쓰면서 애드포스트와 광고 수익 등을 통해 월 100만 원 이상을 벌었다. 하지만 지식을 온전히 내 것으로 만들어서 글을 쓰는 게 아니다 보니 내용이 부실했고, 글 쓰는 데 시간도 오래 걸렸다. 하지만 부동산 분야는 내가 집중하고 있고, 나름 투자하고 있는 방식에 확신이 있었기 때문에 정리를 잘할 수 있었다.

나는 지역을 분석하는 방식을 7차 필터링으로 정의하고 이 과정들에 대한 내용을 촘촘하게 채워갔다. 내가 발견한 새로운 내용은 없었지만 체계적으로 정리했기 때문에 '부린이'들에게 좋은 반응을 얻었다. 그 내용들로 전자책을 만들었다. 약 40페이지의 PPT 파일을 PDF 파일로 변환하여 판매했다. 생각보다 반응이 좋아 강의를 했는데, 심화반 요청이 들어와 심화반까지 개설하게 되었다.

언젠가는 전날의 숙취 때문에 도저히 강의를 할 수 없었던 적도 있었다. 하지만 그날 강의를 듣기 위해 울산에서 오시는 분들이 계셔서 결국 6시간의 강의를 해냈다. 그런 다음 이틀 내내 앓아누웠지만. 이렇게 시간과 노력을 갈아 넣은 강의는 조금씩 업그레이드가 되었고, 여러 출판사에서 제의도 받아 책도 출간하게 되었다. 신사임당, 김작가TV 등의 유튜브 채널에도 출연해서 7차 필터링 이론을 설명했고 이것이 정규반 강의로 이어져 '클래스101'과 '엄마 인강' 강의까지 하게 되었다.

막연한 두려움 깨기

나 같은 사람이 책을 쓸 수 있나? 책은 대단한 사람들만 쓰는 거 아니야? 이런 생각들부터 깨부수어야 한다. 강의나 유튜브도 마찬가지다. 처음에 글을 쓸 때만 해도 내가 이렇게까지 성장할 거라고 예상한 사람은 아무도 없었다. 가족들은 물론 심지어 나조차도 말이다. 부동산 분야에는 수많은 전문가가 있고, 나보다 투자 경력이 길고 실력이 뛰어난 분들이 많다. 그런데도 내가 부동산 콘텐츠 생산자의 삶을 살 수 있게 된 것은, 큰 목표가 아니라 작은 목표 하나를 위해 노력했기 때문이다.

사실 시작은 엄청나게 단순했다. 부동산스터디 카페에서 고수들에게 도움을 받았으니, 공부를 늦게 시작한 사람들에게, 아니 딱 한 명에게라도 도움이 될 수 있도록 내 투자 이야기를 써보기로 한 것이다. 이 목표를 이루는 것은 어렵지 않았다. 내 이야기를 쓰기만 하면 됐다. 그렇게 한 걸음씩 걷다보니 지금의 내가 되었다. 절대 하루아침에 이루어진 게 아니다. 전문가로 인정받는 누군가에게도 초보 시절은 있었다. 그들도 수많은 시행착오를 거쳐 지금의 모습이 된 것이다. 셀트리온의 서정진 회장은 이렇게 말했다.

"다 보니까 그냥 그렇고 그런 애네. 그러면 나도 할 수 있어. 그렇게 생각하면 돼요."

이 말을 듣고 어쩌나 힘이 나던지. 지나고 보니 진짜 맞는 말이었다.

소비자의 눈높이에서 바라보기

나는 경영학을 전공했고 지금은 마케팅과 영업 일을 하고 있다. 이 바닥도 똑같다. 결국은 소비자에게 인정받고 소비자가 찾아야 제품이 살아남는다. 책을 읽거나 강의를 들어보면 이런 생각이 들 때가 있다. 내용은 좋은 것 같은데 왜 이렇게 안 읽히지? 저 사람 똑똑한 것 같은데 도통 무슨 말인지 모르겠어. 이런 경우는 자신의 지식을 자랑하기 위해 어려운 말을 사용했기 때문이다.

이들은 자기만족을 하면서, 자신의 말을 이해하지 못하는 사람이 지식이 부족해서 그렇다고 치부한다. 책이든 강의든 보고 듣는 사람이 있어야 존재 가치가 있는데도 말이다. 소비자의 관점이 아닌 생산자의 관점에서 생각하면 시장의 외면을 받게 된다. 제품에 좋은 기능을 때려 넣어도 그 기능들을 소비자가 사용하지 않는다면, 그 제품은 시장에서 사라지게 될 것이다.

얼마 전에 예전에 읽었던 책을 다시 읽어보았다. 예전에는 내 실력이 부족해서 책 내용이 어려웠고, 이제 실력이 늘었으니 다시 읽으면 더 많은 것들이 보일 거라 생각했다. 그런데 웬걸? 다시 읽었는데도 똑같았다. 분명 그 책에는 부동산의 핵심 이론과 중요한 개념들이 잔뜩 담겨있는데도 이상하게 안 읽혔다. 곰곰이 생각해 보고 깨달았다. 내용은 좋지만 저자는 책을 어렵게 썼다. 같은 내용을 말하더라도 누군가는 쉽게 풀어서 하고, 누군가는 유식한 척하면서 말을 어렵게 한다. 이 책은 후자에 해당됐다. 대중들이 이해하기 어려운 내용인데 설명도 어려우니 아무리 읽어도 모르는 게 당연하다.

사람들은 가르치거나 책을 쓰려면 똑똑해야 한다고 생각하지만 오히려 시장에서는 똑똑한 사람들이 외면 받기도 한다. 아는 것과 아는 것을 설명하는 능력은 전혀 다른 영역이기 때문이다. 아무리 똑똑해도 그것을 쉽게 전달하지 못하면 생산자로서의 능력은 빵점이다. 서울대를 나왔다고 해서 학생을 잘 가르치는 것이 아니고, 실력 있는 코치 중에 스타플레이어가 적은 것이 이에 대한 방증이다. 좋은 생산자가 되기 위해서는 내가 똑똑하고 잘하는 것과 남들에게 그것을 잘 알려주는 것은 전혀 다른 능력이라는 것을 깨닫고, 나만의 차별성을 찾고 개발하기 위해 노력해야 한다.

누구나 시작은 어렵다

오른쪽 어깨를 수술한 후 밥을 잘 못 먹어서 몸무게가 5킬로그램이나 빠졌다. 어떻게든 밥을 먹어야 했기에 포크를 사용했다. 내가 왼손으로 젓가락질을 못하는 것이 당연한데, 오른손만큼 젓가락질이 안 되니 짜증이 나서 포크를 사용한 것이다. 얼마나 언행이 불일치된 모습인가. 아니, 너는 부린이들에게 처음부터 잘되는 건 없으니 차근차근 하면 된다고 말하면서 지금 이게 뭐냐? 이런 생각이 든 후 나는 어설프고 힘들더라도 왼손 젓가락질로 밥을 먹기 시작했고 나중에는 콩자반까지 먹기에 이르렀다.

처음부터 완벽할 수는 없다. 처음부터 500만 원을 벌 수 없다. 처음에는 마음처럼 잘 되지 않을 것이다. 그게 당연한 거다. 중요한 건 포기하지 않고 어떻게든 해내는 것이다. 비록 한없이 부족하고 어설퍼 보일지라도 말이다. 수많은 전문가들도 그 시기를 겪었기에 지금의 모습이 됐다는 사실을 기억해야 한다. 막연한 두려움을 깨고 내가 할 수 있는 아주 작은 것부터 하나씩 실천하자. '너도 하는데 나라고 못할 게 뭐냐?' 하는 생각으로 그냥 부딪혀보자. 인생 뭐 있나. 그냥 해보는 거지. Just Do It!

전업 투자자

vs 직장인 투자자

뭐가
더 나을까?

"시브님 정도 되면 전업 투자해도 되지 않나요? 왜 굳이 직장을 계속 다니세요?"

많은 분들이 하는 질문이다. 사실 맞는 말이다. 나는 투자 수익뿐만 아니라 부캐로 버는 수익이 이미 직장 수입을 넘어섰기 때문에 지금이라도 당장 직장을 그만두고 전업 투자자의 삶을 살아도 된다. 그런데 나는 왜 직장을 다니고 있을까?

월급이 주는 안정감

나는 운이 좋은 사람이다. 물론 운보다 노력으로 지금의 위치까지 왔다고 생각하고 싶지만, 운이 없었으면 절대 할 수 없었던 일이다. 나는 매일 아침마다 인생 목표를 되뇐다. 아침 주문이 참 신기한 게 정말 주문대로 살아지고 내가 이 목표들을 이뤄가고 있더라. 그런데 가끔은 이런 걱정도 한다. 투자한 물건들이 안 오르면 어떡하지? 책이 하나도 안 팔리면 어떡하지? 내 강의를 찾는 사람이 없어지면 어떡하지? 열심히 살고 있지만 막연한 불안감이 생기는 건 어쩔 수 없다. 아마 장사가 잘되는 맛집 사장님도 비슷할 것이다. 가게 운영을 조금만 소홀히 해도 손님이 빠지는 건 한순간이고, 열심히 해도 트렌드가 바뀌면 바로 손님이 빠지니까 말이다.

그래서 직장이 있어야 한다. 내가 지금까지 이뤄놓은 성과가 0이 되더라도 돌아갈 곳이 있고, 그곳으로 돌아가더라도 투자하기 전 내 삶으로 돌아갈 수 있다는 생각은 엄청나게 큰 안정감을 준다. 나는 조금 덜 벌더라도 무리한 투자를 하지 않기 때문에 혹시나 발생할 역전세에 대비한 현금도 충분히 확보해 놓은 상태이고, 혹시나 가격이 빠지더라도 투자금 이상으로 빠질 확률은 제로에 가깝기 때문에 리스크가 거의 없다. 어차피 가진 게 전부 없어진다고 해도 돌아갈 곳이 있고, 그 삶은 예전과 다르지 않을 것이니 다시 시작할 수 있다. 그래서 직장은 나에게 최후의 보루와 같은 곳이다. 이게 내가 여전히 직장을 다니고 있는 첫 번째 이유다.

현금 흐름의 중요성

월급이든 사업소득이든 일정한 현금 흐름을 통한 저축 없이는 지속적인 투자가 불가능하다. 이제 막 투자를 시작한 사람이 부푼 꿈을 안고 전업 투자를 결심했다고 해보자. 열심히 공부해서 아주 똑똑한 집 두 채를 샀다. 모아놓은 종잣돈은 다 써버렸다. 그 다음에는 무엇을 해야 할까? 갑자기 막막해질 것이다. 이런 생각도 못 하고 직장에서 나와버렸으니 말이다.

아무리 좋은 물건이 있어도 종잣돈이 없으면 다음 단계로 갈 수 없다. 입맛만 다실 뿐이지. 일정한 소득이 없다면 2년 후 전세금으로 인한 추가 현금이 생길 때까지 계속 공부만 해야 한다. 하루 종일 부동산 공부만 하는 건 정말 힘든 일이다. 출근하지 않아도 되니 늦게 일어나고, 오늘 할 일을 내일로 미루기도 하니 서서히 나태해진다. 거기다가 당장 투자할 현금도 없이 공부만 하고 있는 상태라면 공부의 재미도 반감될 수밖에 없다. 더 큰 문제는 고정 수입이 없기 때문에 생활비가 부족해질 수도 있다. 이런 상황들을 생각지도 못하고 막연히 '어떻게든 되겠지'라는 생각으로 직장을 탈출하려는 사람들이 많다.

물론 전업 투자를 꿈꾸는 사람들은 어느 정도 투자 수익이 생겼기에 집 한두 채 정도 정리한 현금을 생활비와 투자금으로 사용하겠다고 계산했을 것이다. 그런데 수도권에 투자해서 3년에 순자산 10억을 벌었다는 분들도 정작 팔고 나면 세금 중과세 때문에 남는 게 별로 없을 가능성이 많다. 물론 중과세 유예 때 매도할 수 있겠지만 같은 생각을 가진 매도 물건들이 시장에 많이 나오면 그동안 올랐던 가격의 상당 부분은 반납해야 할지도 모른다. 현재 호가에서 내가 매수한 가격을 뺀 금액 전부가 진짜 이익이 아니라 그 가격보다 낮은 가격에 매도할 수 있고 양도세를 내면 얼마가 남는지까지 정확히 계산해야 진짜 수익이다. 그리고 2023년 10월 현재, 아마 대부분의 아파트가 상승분의 상당 부분을 반납했을 것이다.

아파트는 파는 게 아니라 계속 들고 가는 거라고 말하는 사람들도 있다. 그러면 심리적 만족감은 높아질 수 있지만 삶은 나아지진 않는다는 걸 알아야 한다. 세금만 많아지고 수중에 들어오는 돈은 과거와 똑같으니 생활은 더 쪼들리게 된다. 여기에 직장까지 그만둬서 현금 흐름이 없다면, 과연 버틸 수 있을까? 다행히 투자를 잘해서 2년 만에 꽤 큰 수익을 얻었다고 해도 원하는 가격에 매도하는 건 결코 쉬운 일이 아니다. 무릎에서 사서 어깨에서 팔아야 하는데 다들 매도의 기준이 머리 꼭대기에 있다. 매도를 해본 사람들은 알겠지만 원하는 가격에 매도하는 경우는 아주 드물다. 시장은 호락호락하지 않아서 원하는 가격에서 한참 내려 가장 저렴한 수준에서야 겨우 팔 수 있는 게 현실이다. 그런데 사람들은 그 지점이 어깨라는 생각을 못 하고 계속 머리에서만 팔려고 하니 매도가 안 되는 것이다. 지금까지 언급한 구구절절한 내용을 정리하면 다음과 같다.

► 현금 흐름이 없으면 생활비의 압박이 있다.
► 이미 가격이 오른 주택들을 매도하여 종잣돈과 생활비를 충당할 계획이라고 해도 원하는 금액에 매도하는 것이 생각보다 어렵다.
► 종잣돈은 생각보다 금방 떨어진다.
► 종잣돈이 줄어드는 게 보이면 마음이 조급해져 무리한 투자를 하게 될 확률이 높다.

문제는 시간이 아니라 사람이다

이게 가장 중요한 이유다. 직장을 다니지 않고 투자 공부만 하면 투자를 더 잘할 거라고 생각한다. 실제로 전업 투자를 하던 분들이

다시 직장을 구하는 경우가 많다. 그들을 보면서 결국 문제는 시간이 아니라 사람이라고 생각했다.

누구는 직장에 다니면서도 치열하게 공부하고 시간을 쪼개서 임장을 다니고 강의를 듣고 책을 읽는데, 누구는 전업 투자를 하면서도 시간을 제대로 활용하지 못한다. 누구는 직장을 다니면서 하루에 3~4시간을 쪼개서 공부하는 반면, 누구는 전업 투자를 하면서도 3~4시간밖에 공부하지 않는다. 누군가는 돈을 벌면서 투자하는데, 누군가는 돈을 쓰면서 투자하는 것이다.

9 to 6 생활을 하는 보통의 직장인을 생각해 보자. 출퇴근 시간까지 합쳐서 거의 11시간을 밖에서 보낸다. 막상 직장을 그만두면 하루에 11시간을 부동산 공부에만 몰두할 수 있을까? 전업 투자를 꿈꾸는 사람들이 이런 생각을 해봤는지 궁금하다. 회사를 다니면서 하루에 1~2시간이라도 부동산 공부를 할 시간이 정말 없는 것인지, 아니면 의지가 부족한 것인지 말이다.

나는 직장생활 10년 동안 4번 정도 부서를 옮겼다. 다들 힘든 부서라고 여기는 곳에 있으면서도 시간을 쪼개서 공부하고, 블로그 포스팅을 하고, 책을 쓰고, 출장을 가서 임장도 다녔다. 다들 가슴에 손을 얹고 생각해 보자. 업무시간 내내 숨도 못 쉬게 바쁘게 일만 하는지. 10년 동안 직장에 다니면서 느낀 것은 똑같은 직장/똑같은 부서/똑같은 업무 조건에서도 누군가는 짬을 내서 개인 업무까지 처리하는 반면 누군가는 회사 업무마저도 버거워한다는 사실이다. 결국 중요한 것은 시간이 아니라 사람이다.

물론 업무 시간에 개인 업무를 전혀 할 수 없는 직장도 있다. 내가 말하는 경우는 직장을 다니면서 충분히 개인 업무를 보고 공부를 할 수 있는데도 불구하고, 직장이 힘들고 짜증난다는 이유로 혹은 시간이 없다는 이유로 전업 투자를 결심하는 사람들이다. 이들은 전업 투자를 해도 실패할 확률이 높다. 어차피 전업 투자를 하더라도 100% 역량을 집중하지 못할 테니 말이다. 직장에 다니면서도 투자로 성공하는 사람들은 수없이 많다. 결국 중요한 것은 시간의 절대적인 양이 아니라, 그 시간을 어떻게 활용하는가이다.

이런 3가지 이유로 전업 투자를 반대한다. 직장인 투자자도 충분히 성공할 수 있고, 오히려 더 안정감을 가지고 오랫동안 투자를 이어나갈 수 있다. 물론 사람마다 다르겠지만 본인의 성향과 지금까지 겪어온 직장생활을 되돌아본다면, 어떤 것이 더 현명한 선택인지에 대한 답이 나오지 않을까? 다시 생각해 보자. 시간이 문제인지, 내가 문제인지.

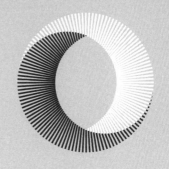

같은 조건에서도 누군가는 짬을 내서
개인 업무까지 처리하는 반면
누군가는 회사 업무마저도 버거워한다.
결국 중요한 것은
시간이 아니라 사람이다.

내가

틀렸을 수도
있다는

의심

〈역행자〉(자청, 웅진지식하우스, 2022)라는 책을 재밌게 읽었다. 내용도 탄탄하지만 읽기 쉽고 현실에 바로 적용할 수 있다는 것이 가장 큰 장점이었다. 저자는 게임의 치트키처럼 인생에도 공략집이 있다고 믿고, 공략집만 잘 따르면 누구든 성공할 수 있다고 말한다. 이 책은 돈, 시간, 운명으로부터 자유롭지 못한 대부분의 순리자들이 어떻게 하면 성공할 수 있는지에 대해 7단계에 걸쳐 알려준다. 이 7단계만 잘 지키면 누구나 순리자가 아닌 역행자의 삶을 살 수 있고, 이를 통해 성공할 수 있단다. 특히 내가 꽂힌 부분은 '역행자 1단계_자의식 해체' 편이다.

저자는 성공하기 위해 가장 먼저 해야 할 것이 책 읽기나 강의 듣기가 아니라, '내가 옳다고 믿고 있었던 것이 틀렸을 수도 있다는 의심'이라고 했다. 웬만한 자기계발서는 다 읽어본 내게 상당히 충격적인 내용이었다. 보통의 자기계발서는 앞으로 어떻게 행동해야 하고 뭘 해야 하는지에 대해서만 말하는데, 이 책은 사람들이 성공하지 못하는 원인을 먼저 분석했다. 요즘 강의를 하면서 '왜 수강생들이 내 마음과 같지 않을까?', '왜 다들 열심히 하지 않을까?'를 고민하고 있었는데, 그 이유를 명확히 알게 되었다.

사람들은 각자가 옳다고 믿는 삶을 살아간다. 현재의 삶이 불만족스럽거나 불안하더라도 쉽게 변하지 않는다. 왜냐하면 변화를 주는 것 자체가 그동안의 인생이 틀렸다고 인정하는 기분이 들기 때문이다. 많은 사람들이 책을 읽고 강의를 들어도 안 바뀌는 이유가 바로 여기에 있다. 내가 틀렸다는 것을 인정하고 새로운 것을 받아들일 수 있는 준비가 되어야 하는데, 이미 내 안에 너무 많은 것들이 들어 있으니, 내가 가진 신념과 가치관에 맞지 않으면 그것이 틀린 거라고 부정해 버린다. 마음에서 받아들일 준비가 되어있지 않으니, 아무리 많은 지식을 때려넣어도 다시 흘러 나간다. 이게 자의식 해체가 가장 우선시되어야 하는 이유다. 예를 들어보자.

사례 A

나는 대기업 차장이다. 조금만 더 있으면 팀장이 될 수 있을 것 같다. 그런데 임원으로 은퇴한 선배들이나 지금 팀장을 보면 늘 돈에 쪼들리고 행복해 보이지 않는다. 우연히 고등학교 친구를 만났다. 친구는 나보다 공부를 못했고 전문대를 나왔는데 강남 건물주가 되었다. 부동산 투자로 자수성가를 한 것이다. 친구를 보니 세상만사 걱정이 없어 보인다. 어떻게 해서 돈을 벌었냐고 물어보니 부동산 공부를 열심히 했단다. 진짜 죽어라 임장 다니고 맨몸으로 헤딩해서 여기까지 왔단다. 넌 똑똑하니까 나보다 훨씬 잘할 거라고 부추기는 친구의 말에 솔깃해진다. '그래. 쟤도 하는데 나라고 못할 게 뭐야?'라는 생각이 들지만, 막상 시작하자니 시간도 없고 자신도 없다. 조금만 더 있으면 팀장이 될 텐데. 그래, 대기업 임원 아무나 하는 거 아니야. 조금만 더 버텨보자. 좋은 날이 오겠지. 그렇게 나는 오늘도 출근길 지하철에 몸을 욱여넣는다.

사례 B

나는 대학병원 의사다. 학창시절 죽어라 공부만 했다. 집이 어려워 과외를 받거나 학원은 못 다녔지만 암기력만큼은 자신 있었다. 전교 일등을 놓치지 않았다. 의대에 합격하자 모든 걸 이뤘다고 생각했는데 단지 시작일 뿐이었다. 동기들을 보니 부모님이 병원도 차려주던데, 나는 아직 페이 닥터. 돈 쓸 시간이 많지는 않지만 그래도 고생한 나에 대한 보상은 충분히 해줘야 한다. 차는 포르쉐, 시계는 롤렉스. 그 이하는 용납이 안 된다. 왜? 난 의사니까. 벌이가 되니까. 이정도 쓰는 게 당연하다. 지금은 전셋집에 살고 있지만, 집은 돈 모아서 사면 된다. 쓸 거 다 쓰고도 충분히 모을 수 있다. 나는 의사니까. 투자에 관심 없냐고? 요즘 주식이나 코인으로 돈 번 사람들 많다는데, 그거 별거 아니다. 내가 공부만 하면 그 정도는 껌이지. 나는 의사니까.

이들의 삶이 잘못됐다는 건 아니다. 누구보다 열심히 살았을 것이다. 현재의 삶이 만족스럽고 미래에 대한 걱정이 없다면 지금의 삶이 나쁠 것은 없다. 하지만 만약 지금의 소득과 자산 수준으로 노후 준비가 완벽하지 않다고 생각한다면? 노후에는 일하지 않고 인생을 즐기며 살고 싶다면, 이들에게도 변화가 필요할 것이다. A의 경우는 근로소득이 아닌 투자소득이나 사업소득을 통해 자산을 증식해서 노후 준비를 해야 한다. B의 경우는 자산 증식이 필요하다. 씀씀이를 줄여 저축액을 늘리거나 투자를 통해 쓰는 것보다 더 많은 돈을 벌어야 한다.

A와 B 모두 이런 생각을 하고 있겠지만 실천하긴 어려울 것이다. 그러려면 지금까지 살아온 삶이 틀렸다고 인정해야 하기 때문이다. 내가 대기업에 취직하기 위해 노력했던 시간들, 팀장이 되기 위해 희생했던 순간들이 계속 눈앞에 아른거릴 것이다. 누구보다 공부를 잘했고 현재 벌이도 괜찮은 전문직은 오죽할까. 남들 다 놀 때 코피 터지게 공부했던 시간들을 어찌 잊으란 말인가. 그래서 어려운 거다. 어떻게 해야 내가 원하는 삶을 살 수 있는지가 뻔히 보이는데도 할 수가 없다. 아니, 하기 싫을 것이다. 인정하기 싫을 것이다. 지금까지 쌓아온 모든 것을 부정해야 하니까. 그런데 이것을 깨지 않으면 인생은 달라지지 않는다.

▶ 지금 당장 읽던 책을 멈추고, 모든 걸 내려놓고 새롭게 시작할 수 있는 마음가짐부터 만들어야 한다.

▶ 지금까지 살아온 인생이 틀릴 수 있음을 생각해야 한다. 똑똑하다고 투자를 잘하는 것이 아니다. 공부를 잘한다고 사업을 잘하는 것이 아니다.

▶ 그런데 사람들은 착각한다. 난 똑똑하고 공부를 잘했으니까 투자도 잘하겠지. 주식 공부를 조금만 하면 큰돈을 벌 수 있겠지. 하지만 이것들은 전부 다른 분야이고, 전혀 다른 능력이다.

▶ 내가 어느 분야의 전문가라고 해서 다른 분야까지 잘한다는 보장은 없다. 내가 무시하던 사람이 나보다 부자가 될 수 있음을 인정해야 한다. 이것을 깨닫지 못하면 평생 지금 정도로만 살게 된다.

생각해 보면 내가 투자를 시작했던 계기도 임원이 되더라도 어차피 부자는 못 되겠다고 생각한 후부터다. 그때 지금까지 살아온 방향이 잘못되었다고 느꼈고, 회사를 위해 살아온 하루 12시간 중 절반 이상을 부동산과 자기계발에 쏟아 지금의 내가 되었다. 자의식 해체부터 하고 그 위에 새로운 지식을 쌓아올린 것이다. 새롭게 공부를 시작하고 인생의 변화를 꿈꾸는 친구나 동생들에게 꼭 이 말을 해주고 싶다.

"인생을 바꾸기 위해 가장 먼저 해야 하는 것은 책 읽기와 강의 듣기가 아니라, 네가 지금까지 살아온 인생이 틀렸을 수도 있다는 의심이야."

돈을 벌기에

나는 너무

평범해요

회사에 입사했을 때 들어간 팀에는 약 30명 정도의 인원이 있었다. 내가 모신 오 부장님은 팀장보다 5년 선배로, 팀에서 중간관리자 역할을 했다. '오 부장'이라고 하면 다른 팀에서도 다 알 정도로 인품이 좋았다. 오 부장의 별명은 '150형'이었다. 당구를 쳐본 사람은 알겠지만 120~150 정도 친다고 하면 딱 평균 정도다. 오 부장은 150 정도의 당구 실력을 가지고 있었는데, 당구뿐 아니라 인생의 거의 모든 것이 특출 난 것 없이(그렇다고 못하는 것도 없이) 150 정도라고 해서 붙여진 별명이었다.

오 부장은 골프도 100타 정도, 볼링도 100~120점, 소득 수준도 중산층, 회사 내 위치도 중간관리자로, 정말 거의 모든 것이 평균 정도였다. 인생 모토가 '150'일 정도로 뭐든 중간 정도만 하자는 게 신념이었다. 회사에 정리해고의 칼바람이 불었을 때도 실적이 좋지 않았지만 평판이 좋았기 때문에 살아남았다. 충분히 팀장이 될 수 있는 연차였어도 중간관리자를 유지했다. 새로 온 팀장이 1년 만에 징계를 받아 이동할 때도 오 부장은 그 자리를 굳건히 지켰고 정년에 퇴직했다. 팀장이나 임원이 되진 못했지만 그 누구도 오 부장의 회사 생활을 실패했다고 평가하지 않았다. 오 부장이 굳건히 살아남은 비결은 뭘까? 바로 '무엇이든 배우려는 열린 마음'과 '끝까지 살아남겠다는 의지'다.

부장님은 내게 뭐든 배워두라고 했다. 당구, 골프, 음주, 가무 등

특출 나게 잘하진 않더라도 뭐든 배워놓으면 언젠가 써먹는다는 것이다. 상사의 취미가 골프라면 골프를 아예 못 치는 후배들보다는 필드에 나가서 상사와 한 마디라도 더 나눌 수 있다. 노래방에선 샌님처럼 가만히 앉아있기보다 탬버린을 치며 분위기를 띄우는 사람에게 눈길이 간다. 하지만 지나치게 욕심내면 탈이 나니 순리대로 가되, 끝까지 살아남으라고 했다. 본인이 그랬던 것처럼.

사람들에게 어떤 것을 해보라고 하면 대부분이 이렇게 대답한다.
"저는 잘하는 게 없는데요."
"저 정도 하는 사람들은 너무 많지 않나요?"
유튜브든, 책 집필이든, 강의든, 본인이 할 줄 알지만 그것으로 돈을 벌 만큼은 아니라고 생각한다. 나도 처음에는 그랬다. 지금은 책도 쓰고, 강의도 하고, 유튜브도 하고, 부동산 투자도 하고 있지만 처음부터 내가 이것들을 다 할 수 있다고 생각하고 시작하진 않았다. 내게 특출한 능력이 있었던 것은 더더욱 아니다. 그냥 하나씩 순차적으로 한 것뿐이다.
시작은 글쓰기였다. 공부한 내용을 정리하고 보니 다른 사람들과 공유하면 좋겠다는 생각이 들어 부동산스터디 카페에 올리기 시작했다. 사람들이 글을 좋아해주니 책 출간 제안과 강의 요청을 받게 되었다. 내가 책을 쓸 자격이 있나? 내가 강의할 정도의 실력이 되나? 이런 생각도 했었다. 하지만 무작정 덤볐다. 만약 그때 '나만큼 하는 사람이 너무나 많은데 내가 무슨?'이라는 마음으로 그만뒀다면 지금의 나는 없었을 것이다. 일을 벌이고 나니 쪽팔리기 싫어서 죽자고 달려들었다. 휴일을 반납한 채 글을 쓰고, 아픈데도 강의를 했다. 물론 처음엔 정말 형편없었다. 그런데 나만 그럴까? 세상에 처음부터 전문가 타이틀을 단 사람이 어디 있겠는가. 전문가도 처음에는 초보였다.

사람들은 재능이 있어야 성공할 수 있다고 착각한다. 생각보다 시장의 니즈는 다양하다. 꼭 아나운서처럼 말을 잘해야만, 개그맨처럼 웃겨야만 유튜브를 할 수 있는 건 아니다. 특히 '나의 재능을 활용해 어떻게 돈을 벌 수 있을까?'를 고민하는 사람이라면 반드시 깨달아야 한다. 어떤 분야든 배우려고 하는 사람의 실력은 제각각이다. 생초보, 어느 정도 아는 초보, 중수 등 다양한 니즈가 있다.

그렇다면 재능을 제공하는 사람도 반드시 그 분야에서 1등 전문가일 필요는 없다. 이제 막 골프를 배우기 시작한 사람이 굳이 프로 골퍼한테 골프를 배워야 할 이유가 있을까? 오히려 세미프로나 기본기가 탄탄한 아마추어한테 배우는 게 나을 수 있다. 그들이 프로 골퍼보다 초보의 입장을 더 잘 이해할 수 있기 때문이다. 부동산 강의도 마찬가지다. 부동산 자산이 100억이 넘고 수백 채에 투자해 본 사람이 강의도 잘할까? 이제 막 시작한 투자자한테는 오히려 10채 정도 투자해 본 사람이 눈높이에 맞게 잘 알려줄 수 있다. 이렇듯 소비자의 니즈는 다양하다. 초보, 중수, 고수가 원하는 것이 다르기 때문에 이에 대한 공급도 다양하다. 내가 톱클래스 전문가는 아니지만 누군가는 딱 나만큼의 지식 수준을 원할 수 있다.

　이런 사실을 깨달았다면 그 다음 할 일은 일단 시작하기+지속적으로 노력하기+살아남기다. 끝까지 살아남기만 하면 무조건 10% 안에는 들 수 있다. 나머지 90%는 중간에 포기하기 때문에 아예 경쟁자조차 되지 못한다. 그래서 어느 분야에나 10% 안에 드는 전문가가 되는 것은 크게 어렵지 않다. 꾸준히 공부하고, 시장에서 살아남기만 하면 된다. 진짜 그것뿐이다. 하지만 어느 분야에나 상위 10%가 버는 수익과 상위 1%가 버는 수익의 차이가 크다. 그렇다면 상위 1%와 10%의 차이는 얼마나 될까? 그것은 점을 연결하는 것과 같다. 스티브 잡스의 유명한 연설을 참고하라. 핵심은 별개로 보이는 점과 점을 선으로 연결하는 것이다. 쉽게 예를 들어보자.

A씨의 사연

A씨는 부동산 투자를 해서 자산도 늘리고 실력도 쌓았다. 그런데 더 이상 투자할 종잣돈이 없다. A씨는 부업을 고민했다. A씨는 평소 일기를 쓰는 습관이 있어서 글을 쓰는 데 거부감이 크지 않았다. A씨는 블로그에 부동산 투자 일기를 연재하기 시작했다. 임장 다녀온 후기, 지역을 분석한 글 등 다양하게 올리다보니 팬들이 생기고 구독 서비스 요청도 많아졌다. A씨는 자신의 투자 일기를 구독자에게 유료로 판매하기 시작했다.

B씨의 사연

전업주부 B씨에겐 특별한 재능이 없다. 젊었을 때 여행을 많이 다녔고 사진 찍는 걸 좋아한다는 정도. 그런데 B씨는 에어비앤비로 대박을 쳤다. 잘못 투자한 도시형생활주택 때문에 골머리를 앓다가 에어비앤비 사업을 시작했는데 전화위복이 됐다. 여행을 많이 다녀본 B씨는 투숙객이 원하는 바를 너무나 잘 알았기에 도시형생활주택을 사람들이 머물고 싶은 곳으로 꾸미고 사진을 찍어서 올렸다. 지금 B씨는 에어비앤비로 월 200만 원 이상의 수익을 얻는다.

A씨는 부동산 투자라는 점과 일기라는 점을 연결해서 선을 만들었다. 부동산 분야에서 아주 뛰어난 전문가도 아니고 일기를 잘 쓰는 것도 아닌데 이를 통해 수익을 얻고 있다. 전혀 다른 2개의 점을 연결한 것이다. B씨는 여행 경험과 사진 촬영이라는 두 개의 점을 연결하여 하나의 선을 만들었다. 그 선은 에어비앤비 사업이라는 형태로 나타났다.

이처럼 특별할 것 없는 두 가지 능력이 합쳐져서 수익을 내는 재능으로 재탄생했다. 각각의 능력을 따로 놓고 보면 활용할 수 있는 게 없지만, 이 능력들이 합쳐지니 1% 재능이 된 것이다. 이렇게 자신이 가지고 있는 수많은 평범한 점들을 선으로 연결시킬 수만 있어도 특별한 능력이 되고 돈이 된다. 나 또한 특출하지 않은 부동산 투자 실력과 특별할 것 없는 글쓰기 실력을 합쳐 부동산 분야의 베스트셀러 작가이자 강사라는 직업도 가지게 되었다. 누군가는 내게 확실한 포지선을 정하는 것이 좋겠다고 조언하지만 나는 계속해서 시크릿브라더의 정체성을 확장해 나갈 생각이다. 부동산 분야에서 자기계발 분야로, 모든 이들에게 선한 영향력을 줄 수 있는 다양한 분야로 나의 영향력을 확대해 나갈 것이다.

- ▶ 혹시 자신의 능력이 너무 평범하다고 생각하고 있다면, 가진 능력들을 어떻게 연결할지 고민해 보자.
- ▶ 그 연결의 핵심을 사람들이 불편해하는 것으로 집중시키자. 사람들이 불편해하고 필요로 하는 분야를 찾고 그 분야를 내 능력과 어떻게 연결할지 고민한다면 분명 자신만의 '한 끗'이 나올 수 있다.
- ▶ 정말 중요한 것은 '무엇이든 배우려는 열린 마음+끝까지 살아남겠다는 의지'다. '나는 안 될 거야'라는 마음으로 시도조차 하지 않으면 아무것도 바뀌지 않는다.
- ▶ 뭐든 배우려는 자세로 이것저것 해보고 자신과 맞는 것을 일정 수준 이상으로 끌어올리는 것, 그리고 이것들을 연결하여 시장에서 살아남기 위해 노력한다면 분명 자신만의 한 끗이 만들어질 수 있다.
- ▶ 그러니 평범해서 안 된다는 생각부터 버리자. 세상 그 어떤 전문가도 태어날 때부터 특별하진 않았다.

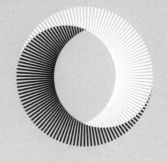

자신이 가지고 있는
수많은 평범한 점들을
선으로 연결시킬 수만 있어도
특별한 능력이 되고 돈이 된다.

친구가

5억을

벌었습니다

시크릿브라더라는 부캐로 살다 보니 참 많은 분들과 직간접적으로 만나게 된다. 정규반 강의 수강생만 1,000명이 넘고 가족이나 지인들의 상담 요청을 포함해 블로그나 부동산스터디 카페를 통해 메일로 상담을 요청하는 사연들까지 더해져 꽤 많은 데이터베이스가 쌓였다. 저마다 사연은 다르지만 결국 인사이트는 비슷한 경우가 많다. 그중 하나의 사연을 살펴보자.

[사연(2021년 6월 1일)]

이제 막 부동산에 눈을 뜬 40대 부린이 아줌마

이번에 ○○지역 ○○아파트를 매수했는데 이게 잘한 선택인지 모르겠어요. 매일 시세를 체크하고 집값이 오를 거라는 유튜브들을 보며 나름 위안을 삼고 있습니다. 가끔 집값이 폭락할 거라는 내용을 볼 때마다 믿고 싶진 않지만 내심 불안한 마음이 드는 건 어쩔 수 없는 것 같아요. 정말 있는 돈 없는 돈 다 끌어모아 사서요.

평생을 전세로 살다가 집을 사게 된 이유는 고등학교 친구 때문입니다. 친구는 부동산으로 5억 넘게 벌었다는데, 나는 지금까지 뭐하고 살았나 싶더라고요. 친구는 정말 운이 좋았어요. 그 친구는 다른 친구의 이야기를 듣고 영끌해서 파주 운정 아파트를 샀는데, 1년 만에 3억이 넘게 올랐대요. 어떤 강사가 찍어준 분양권을 샀는데 그것도 2억이 올랐고요. 뭐라도 하지 않으면 안 되겠다 싶어 아파트를 샀는

데, 구축이고 좋은 지역도 아니라서 너무 불안합니다. 제가 여기 산 게 잘한 걸까요? 다시 팔아야 할까요?

나는 '살까요, 말까요?', 'A와 B 중에 어디가 괜찮을까요?', '어디가 오를까요?' 등의 질문에는 답변을 하지 않는다. 답변할 능력도 안 될 뿐더러, 답변이 질문자에게 도움은커녕 오히려 독이 되기 때문이다. 하지만 위의 사연은 많은 사람들이 한 번쯤은 겪어봤고, 지금도 겪고 있을 상황이라 답장을 썼다.

나는 투자할 때 항상 '복기'를 중요하게 생각한다. 부린이 아줌마의 친구에게서 잘한 점과 잘못한 점을 복기하면 다음과 같다.

잘한 점
·강의를 들었다(어떤 강사인지도 중요하지만 여기서는 패스).
·영끌을 한 용기가 있었다.
·일단 행동에 옮겼다.

잘못한 점
·남의 말을 듣고 투자했다.
·확신이 없이 영끌했다.

부린이 아줌마의 친구는 2가지를 잘했다. 강의를 들었고 남들보다 조금 일찍 영끌해서 집을 산 것이다. 이 작은 차이가 5억이라는 수익을 만들었다. 여기서 중요한 것은 5억을 벌었다는 사실이 아니다. 투자로 번 5억으로 계속해서 성공적인 투자를 이어나갈 수 있느냐는 것이다. 일단 친구가 앞으로도 돈을 벌 확률이 높아 보이진 않는다. 첫 번째 투자였던 파주 운정 아파트도 친구의 말을 듣고 샀고, 두 번째 투자인 분양권도 강사의 말을 듣고 샀다. 이게 친구가 앞으로 계속해서 돈을 벌 확률이 낮다고 생각하는 이유다.

2021년까지는 전국이 상승장이었기 때문에 웬만한 데는 거의 다 올랐다. 물건만 잘 고르면 쉽게 2억~3억을 벌 수 있었다. 하지만 내 물건이 2억~3억 오를 때 다른 지역은 안 올랐을까? 대부분의 지역도 올랐다. 그렇기 때문에 번 돈으로 다른 곳으로 갈아타기 어려운 것이다. 내가 갈아타고 싶은 지역은 지금 지역보다 상급지이고, 그 지역은 더 많이 올랐을 확률이 높다. 즉, 그 돈을 재투자해서 상급지의 상승분 이상을 벌지 못한다면 3억이든 5억이든 내 삶의 질은 그대로일 가능성이 크다. 그냥 사이버머니가 늘어난 것뿐이다.

남의 말을 듣고 하는 투자는 운이 좋으면 몇 번 성공할 수 있다. 하지만 평생 먹고 살 만큼의 돈을 마련하는 것은 쉽지 않다. 우선, 남의 말을 듣고 하는 투자는 불안하다. 아무리 유명한 강사가 찍어줬다고 해도, 확신이 없다면 계속 흔들릴 수밖에 없다. 심지어 집값이 올라가고 있는데도 제 가치를 찾기 전에 팔아버린다. 그 물건의 가치가 어느 정도인지를 모르기 때문이다. 그런데 만약 하락장까지 온다면, 버틸 수 있을까?

많은 사람들이 상승장에 취해있지만 모든 자산 투자는 영원한 상승도, 영원한 하락도 없다. 상승과 하락을 반복하며 장기적으로 우상향할 뿐이다. 따라서 친구가 산 지역이 향후 계속 상승한다는 보장도 없다. 많은 사람들이 예상한 것보다 더한 하락장이 온다면, 어쩌면 지금의 상승분을 그대로 반납할지도 모른다. 그러니 배 아파할 필요도 없다(실제로 그 친구의 아파트는 2023년 10월 기준 상승분의 절반 이상을 반납했다). 중요한 것은 지금 얼마를 벌었느냐가 아니라 앞으로도 그 돈을 계속 같은 방법으로 벌 수 있느냐 하는 것이다.

투자는 마라톤과 같다. 우리가 전문 마라토너라면 기록에 신경 써야 하고 남들과의 경쟁에서 이겨야 하지만, 우리는 전문 마라토너가 아니라 아마추어다. 아마추어가 마라톤 대회에 참가하는 목적은 자기 자신과의 싸움에서 이기기 위해서다. 남들보다 빨리 가는 것이 아닌 끝까지 완주하는 것이 목적이다. 초반부터 빨리 달리면 얼마 못 가 지쳐서 걷거나 쉬게 된다. 중요한 것은 일정한 페이스로 쉬지 않고 뛰는 것이다. 그러기 위해서는 남들과의 경쟁이 아닌 자신과의 싸움에 집중해야 한다. 자신만의 호흡을 가지고 일정한 속도로 꾸준하게 뛰면 결국 좋은 기록이 나온다.

투자도 마찬가지다. 투자는 절대 경쟁이 아니다. 자신과의 싸움이다. 남들이 5억을 벌든 10억을 벌든 무슨 상관인가. 어차피 나에게 줄 것도 아닌데. 배 아파한다고 그 사람이 망하는 것도 아니다. 나에게도 득 될 것이 없다. 그러니 친구가 돈을 얼마나 벌었는지 신경 쓰지 말자. 중요한 것은 나 자신이다. 내가 그 돈을 벌 수 있는 실력을 갖추는 것이 우선이고, 남의 말을 듣고 하는 투자가 아닌, 자신의 확신으로 할 수 있는 투자를 하는 것이 무엇보다 중요하다.

각자가 담을 수 있는 돈의 그릇이 있다. 그릇을 키우지 않고 너무 많은 돈을 담으면 돈은 흘러넘친다. 그러니 돈 욕심을 내기 전에 그 돈을 담을 수 있는 그릇부터 만들어야 한다.

로또 1등 당첨자나 카지노에서 잭팟을 터뜨린 사람이 거지가 됐다는 사연이 종종 들린다. 사람들은 자신에게 그런 기회가 온다면 절대 그렇게 살지 않을 거라고 생각한다. 아마 로또에 당첨됐음에도 쫄딱 망하는 사람이 20%, 그 돈을 불리지 못하고 계속 소비만 하면서 사는 사람이 70%, 그 돈을 활용해 더 큰 부를 이루는 사람이 10% 정도 되지 않을까. 이처럼 똑같은 돈을 가지고 있어도 돈을 담을 수 있는 그릇의 크기에 따라 부의 크기도 달라진다. 그래서 돈을 얼마 벌었냐보다 어떻게 벌었냐, 그 돈을 담을 수 있는 그릇의 크기를 갖추었냐가 중요하다. 그러니 친구가 얼마를 벌었건 신경 쓰지 말자. 내 그릇의 크기를 키우려고 노력하면 돈은 저절로 따라올 테니까.

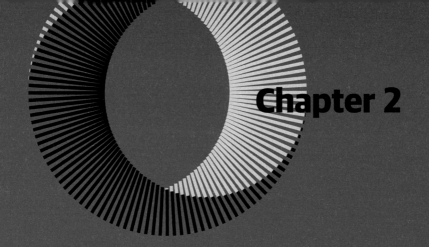

Chapter 2

그럼에도
노오오력을

해야 하는 이유

"인생은 자전거와 같다.
뒷바퀴를 돌리는 것은 당신의 발이지만
앞바퀴를 돌려 방향을 잡는 것은
당신의 손이며 눈이고 의지이며 정신이다."

-세이노,『세이노의 가르침』중에서

노력의 질

VS

노력의 양

6살 딸에게 〈토끼와 거북이〉 이야기를 들려주었다. 딸아이는 "토끼가 불쌍해."라고 짧은 감상을 말했다. 설마 6살짜리가 능력만 믿고 노력을 게을리하면 안 된다는 교훈을 깨달은 건가 생각할 찰나, 딸은 "토끼에 핑크색이 있어서 좋은데 토끼가 졌잖아."라고 말했다. 아이에게 〈토끼와 거북이〉 이야기를 들려준 건 조금 색다른 교훈을 주고 싶어서였다. 그래서 원작부터 들려준 후 내가 만든 후속편을 들려주었다.

토끼의 깨달음

토끼는 경주에서 진 후 잠을 잘 수가 없었다. '내가 거북이한테 지다니. 그것도 달리기에서.' 토끼는 그동안 자만했던 자신을 반성하고 겸손해지기로 했다. 얼마 뒤 토끼는 다시 거북이와 달리기 시합을 했고, 큰 격차로 이겼다. 토끼는 여기서 멈추지 않고 자신보다 빠른 톰슨가젤과 치타를 목표로 열심히 달리기를 연습했다. 연습을 하면 할수록 넘을 수 없는 벽을 느끼기는 했지만 토끼는 포기하지 않았다. 토끼는 톰슨가젤을 이기지는 못했지만 자신보다 좀 더 빠른 캥거루와의 시합에서는 승리했다. 토끼는 체구가 작아도 충분히 빨라질 수 있다는 믿음으로 여전히 달리기 연습 중이다.

거북이의 깨달음

거북이는 토끼와의 달리기 시합에서 승리한 뒤에도 계속해서 달리기를 연습했다. 어느 날 토끼가 재대결을 신청했고 흔쾌히 승낙했다. 이번에도 당연히 이길 줄 알았지만, 아주 큰 격차로 패배했다. 거북이는 큰 상실감에 빠졌다. '왜 나는 쉬지 않고 연습했는데 토끼를 이길 수 없는 거지? 토끼가 방심하거나 다치는 경우가 아니라면 나는 토끼를 평생 이길 수 없는 걸까?' 실의에 빠진 거북이에게 오리가 조언했다. "물에서 경주를 해봐!" 거북이는 한 대 얻어맞은 듯했다. '내가 왜 그 생각을 못했지? 그래, 수영 시합을 하면 내가 토끼에게 질 리가 없지.' 얼마 뒤 토끼와 수영 시합을 한 거북이는 당연히 큰 격차로 승리했다.

물론 딸아이는 이야기에 전혀 흥미를 느끼지 못했다. 내가 딸에게 들려주고 싶었던 이야기의 교훈은 노력의 양과 질에 대한 것이었다. 노력해야 한다고 말하면, "노력의 양을 늘릴까요, 노력의 질을 높일까요?"라고 질문하는 사람들이 있다. 사실 너무나 뻔한 대답이지만 정답은 '둘 다'이다. 굳이 우선순위를 따진다면, 노력의 질을 먼저 높인 후 노력의 양을 늘려야 한다.

다시 이야기로 돌아가자. 토끼는 능력이 뛰어나도 방심하거나 나태해지는 순간 자신보다 못하다고 생각한 거북이에게 질 수 있다는 것을 깨달았다. 그래서 노력을 게을리하지 않고 노력의 양을 늘렸다. 그런데 노력하면 할수록 자신보다 뛰어난 것이 있고 넘을 수 없는 벽이 있다는 것을 느꼈다. '노력한다고 다 되는 것은 아니구나. 그래도 계속 노력하다 보면 1등은 잡을 수 없어도 내 앞에 있는 재는 잡을 수 있겠구나'라는 생각으로 계속 노력했다. 결국 토끼는 넘을 수 없는 벽은 있지만 어제의 자신보다 나아지는 성취가 얼마나 큰지 깨닫게 되었다. 그렇게 토끼는 하루하루 발전해 갔다.

토끼 이야기가 어색하게 들리지 않는 이유는 토끼를 사람으로 바꾸면 우리가 알고 있는 뻔하디 뻔한 '노오오오력'에 대한 내용이 되기 때문이다. 살다보면 넘을 수 없는 벽을 만나게 된다. 내가 반에서 1등을 해도 전교에선 10등 밖일 수 있고, 전교에서 1등을 해도 전국 순위 100등이 될 수 있다. 전국에서 가장 공부를 잘한다고 해도 나보다 돈을 잘 벌고 행복한 사람은 수없이 많다. 비교하자고 마음먹으면 끝이 없다. 하지만 비교는 '비'참해지거나 '교'만하게 만들 뿐이다. 차라리 어딜 가나 나보다 뛰어난 사람이 있고, 내가 넘을 수 없는 벽이 있다는 것을 인정하는 것이 속 편하다. 그런데 많은 사람들이 이런 생각을 하는 순간 노력을 멈춰버린다. 노력해도 이길 수 없으니 노력할 필요가 없다고 생각하는 것이다.

세상에는 1등만 존재하지 않는다. 1등 밖의 사람들이 더 많다. 단순히 등수=돈으로 치환하더라도 1등만 돈을 벌 수 있는 것이 아니고, 하나의 종목만 있는 것도 아니다. 올림픽에서 금메달을 못 딴 선수들은 운동만으로 먹고 살 수 없는가? 내가 공부에서 1등을 못 했다고 다른 분야에서 1등이 되지 말란 법이 있는가? 한 분야에서 낮은 순위여도 충분히 경쟁력 있는 삶을 살 수 있다.

예를 들어, "일타강사가 될 거 아니면 강사가 될 생각은 하지도 마."라고 누군가 말한다면? 일타강사가 아니라고 해서 굶어 죽는 것은 아니다. 전국의 수많은 학원 강사들이 이를 증명한다. 물론 더 좋은 강사가 되기 위한 노력은 필수지만, 꼭 1등만 살아남는 것은 아니다. 부동산 투자도 마찬가지다. 내가 꼭 대한민국에서 투자로 제일 큰돈을 벌어야만 투자를 할 수 있는가? 전혀 아니다.

투자는 남들과의 경쟁이 아닌 자신과의 싸움에 가깝다. 어제의 나보다 조금이라도 나아졌다면 누구나 투자를 통해 노후 준비를 할 수 있다. 그런데 많은 사람들의 눈높이는 50억 자산가, 100억 자산가에만 맞춰져 있다. 그 정도 벌 게 아니면 시작조차 하지 않는 게 낫다고 생각한다. 자신이 없다는 이유로 시도조차 하지 않는다. 토끼의 깨달음에서 얻을 수 있는 우리의 교훈은 '내가 1등이 될 수 없다고 해서 노력조차 하지 않는 것이 가장 바보 같은 일'이라는 것이다. 노력의 양을 늘리면 늘릴수록 실력이 오르는 것은 부정할 수 없는 사실이다.

토끼보다 거북이에게서 얻는 교훈이 좀 더 중요하다. 세상을 살다 보면 노력을 '얼마나' 했는지보다 '어떤' 노력을 했는지가 중요할 때가 많다. 노력의 시간보다 방향성이 더 결정적인 차이를 만들기도 한다. 거북이는 아무리 노력해도 달리기에선 토끼를 이길 수 없음을 깨달왔다. 아무리 비싼 과외를 받고 심지어 약물을 먹는다고 해도 토끼를 이길 수 없다. 그런데 만약 경쟁 무대를 바꾼다면? 내가 이길 수 있는 분야에서 싸운다면 결과는 달라진다. 경쟁 분야를 바꿨더니 큰 노력 없이도 토끼를 이길 수 있게 되었다.

문제는 물속에서 토끼를 이겼지만 여전히 거북이보다 빠른 물고기들은 존재한다는 것이다. 사람들은 여기서 포기해 버린다. 다시 강조하지만, 어디에서나 1등만 살아남는 것은 아니다. 내가 뛰고 있는 운동장이 진짜 내가 잘할 수 있는 곳인지부터 확인하라. 노력의 양을 늘리기 전에 노력의 질부터 높여야 좋은 성과가 나는데, 사람들은 노력의 질은 고민하지 않은 채 노력의 양에만 집중하는 경향이 있다.

A는 현재 45살이고, 정년까지 약 10년 정도 남은 대기업 직장인이다. 서울에 집 한 채 가진 것이 전부다. 노후 생활비를 계산해 보니 대략 8억 4,000만 원이 필요하다(55세 은퇴 후 35년을 더 살고, 매월 200만 원의 생활비가 필요하다고 가정했을 경우). 아무리 대기업 월급이라도 아이들 학원비와 생활비를 빼면 월 300만 원 모으는 게 쉽지 않다. A가 남은 10년 동안 모을 수 있는 돈은 3억 6,000만 원이다. 나머지 4억 8,000만 원은 어떻게 벌어야 할까? 은퇴 후 지금 직장보다 더 좋은 직장에 취업해야 할까? 혹시 몸이 아프면? 30년 뒤에도 지금의 1억이 똑같은 1억의 값어치를 가질까? 수많은 의문이 생긴다.

여기에서 대부분의 사람들은 '에이 모르겠다. 어떻게든 되겠지.'하고 고민의 문을 닫아버린다. 그렇게 또다시 그동안 했던 노력이 최선이라고 생각하며 이전과 같은 노력을 되풀이하거나 그 분야에서 노력의 양을 늘린다. 이렇게 해선 문제가 해결되지 않는다. 뛰고 있는 운동장 자체가 잘못됐기 때문이다. A는 직장에서 잘리지 않도록 지금보다 더 열심히 회사에 충성하고 윗사람에게 아부하는 것이 아니라, 근로소득을 투자소득이나 사업소득으로 바꾸려고 노력해야 한다. 그런데 사람들은 부족한 근로소득을 채우기 위해 투잡이나 쓰리잡을 뛴다. 그게 최선이라고 생각하면서. 이렇게 하면 병원비만 더 나올 뿐 실질적으로 도움이 되진 않는다.

많은 사람들이 중요한 인생의 원리를 이해하지 못한다. 그동안 노력했던 분야가 자신이 가장 잘 뛸 수 있는 운동장이라고 철썩 같이 믿기에 운동장을 바꿀 생각을 하지 못한다. 운동장을 바꿔보라고 하면 그 분야에서 엄청나게 성공한 사람들에게만 눈높이가 맞춰져 있고, 그 벽이 너무 높아 보이기 때문에 도전조차 하지 않는다. 그렇게 또 생각대로 사는 게 아니라, 사는 대로 생각하게 된다.

▶ 무조건 열심히만 사는 것은 절대 답이 되지 않는다. 하루에 15시간을 일한다고 해서 성공이 보장되지 않는다.

▶ 하루 15시간을 갈아 넣기 전에 먼저 해야 할 것은 그 15시간의 노력을 통해 내가 갈 수 있는 최종 목적지가 어디인지를 가늠하는 것이다.

▶ '나는 무엇을 잘하는 사람인가?', '무엇으로 돈을 벌어야 노동시간 대비 큰 효과를 볼 수 있을까?', '1등은 못 하더라도 내가 다

른 사람들에 비해 강점을 가질 수 있는 부분은 무엇일까?' 이런
고민들이 '노력의 질'을 높여준다.

▶ 깊은 고민 끝에 결론이 나왔다면 그때부터 '노력의 양'을 늘린다.

만약 지금 시간을 갈아 넣고 있는 분야가 있다면, 일단 멈추고 생
각해 보자. 내가 잘할 수 있는 분야가 맞는지, 노력하면 목표를 이룰
수 있는지 면밀히 검토해 보고 다시 박차를 가하자. 명심하자. <토끼
와 거북이>의 교훈은 단순히 '나태하지 않고 방심하지 않으면 이긴
다'에 있지 않다는 것을.

재능이
중요할까?

노력이 중요할까?

한국에서 가장 많은 사랑을 받는 스포츠인 축구와 야구에는 두 슈퍼 스타가 있다. 축구에서는 손흥민, 야구에서는 이정후다. 사람들은 손흥민과 이정후의 재능에만 주목한다. 정작 중요한 것은 그들이 가진 재능 위에 어떤 노력을 쌓아올렸느냐인데 말이다. 두 사람은 될 때까지 도전하고 만족할 때까지 훈련하는 엄청난 연습벌레다. 하지만 사람들은 그들의 성공 요인으로 재능이 차지하는 비중이 크다고 생각한다. 과연 재능이 중요할까? 아니면 노력이 더 중요할까?

좋아하는 걸 찾는다고 바로 인생이 바뀌지 않는다

노력의 시간을 갈아 넣기 전에 잘 뛸 수 있는 운동장부터 찾아야 한다. 많은 사람들이 이것을 찾는 단계에서 막혀 앞으로 나아가질 못한다. 자신이 무엇을 좋아하고 잘하는지에 대해 깊이 고민해 본 적도 없고, 진득하게 오래해 본 경험도 없기 때문이다. 얼마 전 인상 깊은 말을 들었다.

"좋아하는 것을 찾아서 돈을 번다고 해서 평생 행복할 수 있는 것은 아니다. 좋아하는 것을 하면 싫증나는 시기가 늦춰질 뿐이다."

사람들은 좋아하는 일을 찾고 그걸로 돈을 벌 수 있으면 평생 즐겁고 행복하게 돈을 벌 수 있다고 생각한다. 하지만 세상은 그렇게 만만하지 않다. 좋아하는 일을 찾으면 그것을 잘하게 될 확률이 높고 잘하게 되면 그것으로 먹고 살 수 있는 것은 맞지만, 그것이 쉽고 재밌고 행복하게 돈을 많이 벌 수 있다는 의미는 아니다. 좋아하는 일을 해도 생각처럼 되지 않을 때가 많고 나보다 잘하는 사람은 더 많다. 하면 할수록 어렵고, 내가 잘하고 있는 것이 맞나 하는 의심도 든다. 그런데 이 시점이 되면 사람들은 '멘붕' 상태가 된다. 나는 뭘 해도 안 되는 사람이라 생각하며 스스로를 구렁텅이로 몰아넣는다.

내가 무엇을 좋아하고 잘할 수 있는지 깊이 고민하고 시도하는 것은 반드시 필요하다. 하지만 그렇게 한다고 해서 곧바로 인생이 달라지진 않는다. 결국 내가 좋아하고 잘하는 것으로 얼마나 경쟁력 있게 싸울 수 있느냐가 핵심이다. 그러기 위해서는 내가 싸워 이길 수 있을 때까지 실력을 키우는 인고의 시간을 견뎌야 한다. 그런데 사람들은 이 단계에서 포기한다. 좋아하고 잘할 수 있는 걸 겨우 찾았는데, 이미 잘하는 사람이 너무나 많다. 내가 노력한다고 저 사람을 이길 수 있을까? 잘하는 사람도 저것밖에 못 버는데 나는 먹고 살 수 있을까? 이런 고민들이 또다시 주저앉게 만든다.

여기서 답은 둘 중에 하나다. 내가 찾은 분야에서 승부를 보든가 아니면 새로운 운동장을 찾든가. 여기서 중요한 것은 한 분야에서 얼마나 몰입하고 노력했는지의 경험이다. 무엇 하나 제대로 파보지 못한 사람은 다른 분야로 눈을 돌린다고 해도 곧바로 싫증을 느끼고 포기할 확률이 높다. 일단 좋아하고 잘하는 분야를 찾았다면 죽이 되든 밥이 되든 성과가 나올 때까지 시간과 노력을 갈아 넣어야 한다. '월 100만 원까지는 벌어봐야지' '1년 안에 무조건 이 단계까지 올라가야지' 같이 수치화할 수 있는 목표가 있다면 좀 더 오래 버틸 수 있다. 어떻게든 1차 목표까지 가보고 나서 다음 단계를 정하라. 1차 목표를 이루고 나면 2차 목표가 생길 수 있고 아에 생각이 바뀌어서 다른 분야를 탐색할 수도 있다. 최대한 이 기간을 단축시키면 좋지만 그것보다 중요한 것은 일정 수준까지 몰입해 보는 경험이다. 그런 경험 없이 다음 단계의 문을 열 수 없다.

노력으로 재능을 이길 수 없다는 당신에게

1차 몰입을 해보면 조금씩 시야가 넓어진다. 처음에는 내가 하는 것에만 신경 쓰고 재미와 실력에만 집중했는데, 시간이 흐를수록 옆의 사람들이 보이기 시작한다. 나와 비슷한 길을 가고 있는 사람들은 어디쯤에 있는지도 생각하고, 내 한계점이 어디일지도 계산해 본다. 이 단계가 되면 꼭 보이는 것이 게으른 천재들이다. 쟤는 별로 노력하는 것 같지도 않은데 어떻게 저렇게 잘하지? 진짜 재능은 못 이기는 건가? 나보다 잘하는 사람들이 너무 많다. 세상은 넓고 천재는 많다. 나는 열심히 하는데도 왜 쟤를 못 이기는 거지? 이런 자괴감이 들면서 '천재는 노력하는 사람을 이길 수 없고, 노력하는 사람은 즐기는 사람을 이길 수 없다' 같은 명언을 개소리로 치부하기 시작한다. 결국 중요한 것은 '재능'이라고 결론 내린다. 상대방의 성취를 재능으로 치부하면 나의 포기를 합리화시킬 수 있기 때문이다. 하지만 그 사람의 '재능'에 집중하느라 그 사람의 '노력'을 보지 못한다면 인생은 절대 바뀌지 않는다.

어떤 분야에서 '성취'를 이루기 위해서는 '기술'과 '노력'이 필요하다. '기술'은 '재능'과 '노력'이 결합되어야 생긴다. 이를 공식으로 나타내면 다음과 같다.

기술은 재능이나 노력만으로 생기지 않는다. 재능이 뛰어난 사람은 노력의 양을 줄이더라도 금세 기술이 좋아질 수 있지만, 노력을 아예 하지 않는데 기술이 생길 순 없다. 만약 재능이 없다면 노력의 양을 엄청나게 늘려야 한다. 그것만이 재능 있는 사람들과 싸워 이길 수 있는 유일한 방법이다. 반대로 재능을 믿고 노력하지 않으면 노력하는 사람에게 질 수밖에 없다.

어떤 기술이 생기는 데는 재능과 노력 모두 필요하다. 기술만 있다고 어떤 것을 성취할 순 없다. 어떤 것을 성취하거나 성공하기 위해서는 반드시 뛰어난 기술이 필요하고, 그것을 지속적으로 발전시킬 수 있는 노력이 더해져야 한다. 기술은 재능과 노력의 곱으로 이루어지기 때문에 성취는 노력의 제곱이 되면서 재능보다 노력이 더 중요하게 된다. 왜 '노오오력'이 재능보다 중요한지 이해가 되는가.

▶ 노력을 하기 전에 먼저 해야 할 일은 내가 어떤 분야에서 노력할 건지, 어디서 싸울 건지를 정하는 것이다.

▶ 이때 내가 좋아하고 잘하는 것이 우선순위가 되어야 하는 것은 맞지만 절대적인 기준이 되어서는 안 된다. 내가 좋아하고 잘하는 것이 남들보다 뛰어난 재능이 될 순 있지만 노력하지 않으면 그 재능은 성취로 이어지지 않기 때문이다.

▶ 중요한 것은 내가 좋아하고 잘하는 것을 얼마나 오랫동안 노력해서 성취까지 만들어내느냐 하는 것이다. 이 성취들이 반복되면 성공할 수 있다. 그러니 이런 저런 핑계를 대면서 노력을 게을리하지 말고 일단 해보자.

▶ 성공하는 사람이 소수인 이유는 공식이 어렵기 때문이 아니라 그 공식을 지키는 게 어렵기 때문이라는 것을 명심하자.

Good
Bye!

My
Hero

(feat. No.33)

부동산에 빠지기 전에는 야구 시즌이면 야구장에, 겨울이면 스키장에 가는 게 취미였다. 야구장에서 응원가를 목이 터져라 부르면 스트레스가 날아가는 듯했다. 나는 엘지트윈스의 팬이다. 트윈스의 팬이 된 지는 30년 정도 됐다. 내 의지와 상관없이 아버지의 손에 이끌려 야구장에 갔을 때부터 엘린이(엘지+어린이의 합성어로 어린이 엘지 팬을 의미)가 되었다. 이 사실이 지금까지 나를 힘들게 할 줄 누가 알았겠나. 옆집 두산베어스는 우승을 밥 먹듯이 하고 신생팀 NC와 KT도 우승했는데, 엘지트윈스는 장장 28년째 우승을 못하고 있다. 그래도 어쩌겠는가. 미우나 고우나 내가 응원하는 팀인 것을. 하지만 아버지가 원망스러운 건 어쩔 수 없다. 아버지가 OB베어스 팬이었더라면.

2022년 7월 3일, 내가 가장 좋아한 선수인 박용택 선수의 은퇴식이 열렸다. 은퇴식과 함께 영구 결번식이 진행되었다. 영구 결번은 앞으로 그 팀에서는 그 선수의 등번호를 쓸 수 없다는 말로, 야구를 잘하는 것은 당연하고, 팀에 공헌도가 높은 선수에게 부여되는 '훈장'이다. 영구 결번은 40년 KBO 역사에서 단 15명밖에 없었고, 엘지트윈스에서는 역대 3번째 영구 결번식이었다. 엘지트윈스 팬에게 박용택이란 존재는 선수 그 이상의 존재였다는 방증이기도 하다. 그런데 그가 은퇴식에서 의외의 말을 했다.

"평생 야구하면서 단 한 번도 즐거웠던 적이 없었습니다."

나는 그 말에 상당한 충격을 받았고, '역시 훌륭한 선수는 그냥 만들어지지 않았구나' 생각했다. 천재는 노력하는 사람을 이길 수 없고, 노력하는 사람은 즐기는 사람을 이길 수 없다고 했는데, 이렇게 훌륭한 선수가 단 한 번도 야구를 즐기지 못했다니. 전 농구 국가대표 서장훈도 비슷한 말을 했었다.

"노력하는 자가 즐기는 자를 못 따라간다? 완전 뻥이에요. 그런 얘기를 하는 분들을 보면 어떻게 저렇게 무책임할 수 있을까? 그럴 때마다 저는 분노합니다. 물론 개인마다 차이는 있겠죠. 나는 큰 성공을 바라지 않고 그냥 즐겁게 살래, 돈이 많이 없어도 돼. 이렇게 말하는 분들은 괜찮아요. 그런데 그래도 내 꿈을 어느 정도 이뤄보겠다, 어느 정도 내가 원하는 곳까지 가보고 싶은 분들에게 그 얘기는 진짜 얼토당토않은 이야기입니다. 즐겨서 되는 거 없습니다. 즐기는 방법의 차이가 있을 수는 있겠지만. 예를 들어 저 같은 경우 농구 한 번하면 3킬로그램이 빠지거든요? 숨이 꼴딱꼴딱 넘어가는데 '와, 나는 이게 너무 즐겁다'라고 생각할 수도 있겠죠. 이 극한의 고통이 너무 즐겁다. 그럴 순 있겠지만 그게 아니라 '나는 이게 고통스럽지 않고 너무 즐거워'라면 가식이고 거짓말이라고 생각합니다."

-서장훈, <2016 청춘페스티벌> 강연 중에서

자기 분야에서 성공한 사람들이 공통된 이야기를 한다는 것을 알 수 있다. 분명 야구가 좋고 농구가 좋아서 선수 생활을 시작했고 누구보다 많이 이겨봤을 텐데 단 한순간도 마음 편히 즐기지 못했다니. 말 그대로 피나는 노력을 했기에, 남들만큼이 아닌 남들이 범접할 수 없을 정도로 노력했기에 최고의 자리에 오를 수 있었을 것이다. 그러니 얼마나 괴롭고 힘들었을까.

대한민국에서 가장 야구를 잘하는 선수 중 한 명인 이정후는 '야구 천재'라 불렸던 이종범 선수의 아들이다. 사람들은 그를 천재라 부르지만 그가 얼마나 독한 연습벌레인지를 아는 사람은 별로 없다. 이정후는 어렸을 때부터 아버지의 그늘 밑에 있었다. 사람들은 이정후가 잘하면 "유전자의 힘은 무시 못해. 아버지를 닮았으니 당연하지."라고 말했고 이정후가 못하면 "역시 아버지는 넘어서기 힘들지. 이종범은 넘사벽이야."라고 평가했다. 이정후 입장에서 아버지는 넘을 수 없는 벽처럼 느껴졌을 것이다. 하지만 이정후는 그 벽을 상당 부분 허물었다. 지금의 이정후가 되기까지 얼마나 피나는 노력을 했을까. 잘하면 '유전자발'이라고 폄하되고, 못하면 아버지와 비교되는 상황이 얼마나 견디기 힘들었을까. 그런데 이정후는 모든 것을 다 이겨내고 핑계대지 않고 지금의 자리까지 올랐다. 엄청난 노력을 통해서 말이다.

사람들은 특정 분야에서 뛰어난 사람을 '천재'라고 부른다. 천재가 된 순간 나와는 전혀 다른 세계에 있는 사람이 되어버린다. 그리고 그들의 노력이 아닌 재능에 집중한다. '쟤는 타고난 재능이 있으니까 저렇게 잘하는 거야. 나와는 다르지', '역시 천재는 달라. 어떻게 저런 생각을 하지?' 이런 생각들을 하며 그들은 나와 전혀 다른 사람이라고 선을 긋는다. 왜? 내가 그들보다 못하는 게 노력의 영역이 아닌 재능의 영역이라고 치부하는 순간 더 이상 노력하지 않아도 되기 때문이다.

주위를 둘러보면 천재처럼 보이는 사람들이 너무나 많다. '엄친아'라는 말이 유행했을 때도 대부분의 사람들은 엄친아의 '노력'이 아닌 그들의 환경과 재능에 집중했다. '엄마 친구 아들은 얼마나 노력했기에 저렇게 됐을까?'가 아니라 '머리가 좋겠지, 운이 좋았겠지' 생각한다. 그들과 내가 경쟁 상대가 아니라고 생각해야 마음이 편해지기 때문에. 물론 진짜 재능이 뛰어난 천재들도 있다. 그들이 그런 재능을 갖고 있다고 한들 나에게 없다면 그 재능에 집착할 필요가 없다. 어차피 그 재능을 이길 수 있는 건 '노력'뿐이기 때문이다.

물론 노력으로 넘어설 수 없는 벽도 있다. 하지만 노력해 보지도 않고 그 벽에 부딪히는 것과 최선의 노력을 다해서 그 벽에 부딪히는 것은 천지 차이다. 결과는 똑같지만 그 과정에서 배운 것이 다르기 때문이다. 노력했지만 안 된 사람은 자신에게 부족한 점이 무엇인지, 무엇을 보완해야 하는지 부딪히면서 느끼고 배웠을 것이다. 자신도 모르게 한 단계 성장했을 것이다. 그런데 노력조차 해보지 않은 사람들은 늘 제자리걸음이기에 성장할 수 없다. 발전이 없기 때문에 계속 패배자의 삶을 살게 될 확률이 높다.

결국 노력 없이 이뤄지는 건 아무것도 없다. 재능도 노력이 들어가야 제대로 나타나는 것이지, 재능만 믿고 노력하지 않는 천재들은 결국 노력하는 자에게 뒤처지게 되어있다. 그러니 포기하지 말자. 내가 알고 있는 천재들이 '재능의 천재'가 아니라 '노력의 천재'라고 생각을 바꿔보자. 그들이 얼마나 똑똑한지가 아니라, 그들이 얼마나 노력했는지에 집중하자. 이렇게 관점을 바꾸는 것만으로도 큰 변화가 일어난다. 한 번이라도 더 노력하려고 시도할 테니 말이다. 잊지 말자. 인생의 진리는 늘 뻔하다는 사실을.

성공한 부자
VS

머라밸
*머라밸: 머니 & 라이프 밸런스

당신의 선택은?

정말 열심히 사는 사람들이 많다. 그런데 너무 열심히 살다보니 열심히 사는 '목적' 자체를 잃어버린 경우들이 보인다. 아마 열심히 사는 사람들의 상당수가 이렇게 생각할 것이다.

'성공하려면 나 자신을 갈아 넣는 시간이 반드시 필요해. 그 과정에서 가족의 희생은 어쩔 수 없어. 일단 성공하고 돈을 벌고 나면 가족들이 이해해 줄 거야. 그때 우리는 행복해질 거야.'

정말 그럴까? 성공한 사람들의 책이나 유튜브를 보면 이런 이야기가 정말 많이 나온다. 본인이 어떻게 노력했고, 그 과정에서 가족의 희생이 있었지만 결국은 부자가 되어 행복하게 잘 살고 있다, 성공하기 위해서는 반드시 자신을 갈아 넣어야 한다 등. 부자가 되려면 '가족의 희생'은 필수불가결한 요소일까? 과연 '내 시간을 갈아 넣는 것=가족의 희생'이라는 명제는 참일까?

다음의 명제는 참이다.
성공한 사람=피나는 노력(시간을 갈아 넣음)을 한다

다음의 명제는 참이 아닐 수 있다.
성공한 사람=가족의 희생 필요

가족의 희생, 다툼, 갈등 없이도 성공할 수 있다. 나는 그 길을 가기 위해 노력 중이다. 물론 가족의 희생 덕분에 성공한 사람들도, 가족은 행복하지만 성공하지 못했거나 부자가 되지 못한 경우도 많을 것이다. 많은 사람들이 돈보다 가족의 행복이 중요하다는 평계로 부자가 되기 위한 노력을 게을리한다. 아마 이런 생각일 것이다. '세상에는 돈보다 소중한 것들이 많아. 가족의 행복이 더 중요하지. 난 가족에게 더 집중할 거야.' 물론 이 문제에 정답은 없다.

이 극한의 밸런스 게임에서 굳이 정답을 찾는다면, 중간 어디쯤에서 아슬아슬하게 줄을 타는 모습일 것이다. 가족의 행복을 위해 돈이 많으면 좋다는 것은 부정할 수 없고, 돈을 많이 벌더라도 가족이 불행하면 의미가 없다는 말도 맞다. 그래서 나는 가족의 희생 없이 부자가 되는 방법은 없을까 늘 고민했다. 지금도 그 고민은 현재진행형이다.

우선 '머라밸'을 지키며 큰 부자가 되기보다 현재 소득으로 가족과 알콩달콩 행복하게 살고 싶다는 사람이 있다면 이것부터 점검해보자.

가족과 평생 행복하게 살려면 얼마가 필요할까? 현재 직업을 언제까지 유지할 수 있나? 예상 은퇴 시점은 언제이고, 은퇴 자금은 얼마나 필요할까? 은퇴 후 죽을 때까지 자식들에게 손 벌리지 않고 쓸 수 있는 여유가 되나? 이 물음들에 전부 자신 있게 대답할 수 있고, 이런 고민에도 현재의 소득과 자산으로 가족과 평생 행복할 자신이 있다면 현재의 라이프 밸런스를 유지하면 된다. 하지만 그게 아니라면 반드시 다음의 2가지를 해야 한다.

선택과 집중

은퇴 후에도 먹고 살 수 있는 투자 수단을 찾아야 한다. 주식이든 코인이든 부동산이든 종목은 상관없다. 자신에게 맞는 것을 찾아서 집중해야 한다. 그게 부동산이라면 아파트인지 상가인지, 더 들어가면 갭투자인지 재개발인지 등 세부적으로 파고들어 주특기 하나를 개발해야 한다.

몰입

자신에게 맞는 종목을 찾았다면 몰입해야 한다. 언제까지? 성과가 날 때까지! 여기서 말하는 노력과 몰입은 남들만큼의 수준이 아니다. 남들만큼의 노력으로는 남들만큼만 살게 된다. 남들보다 훨씬 더 노력해야 한다. 남들 잘 때 공부하고, 남들 놀러갈 때 임장에 가야 한다. 그래야 성공한다. 성공한 사람들은 말한다. 남들만큼 하는 노력은 노력이 아니라고. 하지만 남들보다 노력했을 때 그 노력은 그냥 곱하기가 아니라 제곱의 성과로 돌아온다고 말이다.

인생은 참 쉽지 않다. 선택과 집중, 그리고 몰입만 한다고 해서 모든 문제가 해결되진 않는다. 만약 깨달은 바가 있어 엄청난 노력을 하고 있다고 가정해 보자. 아마 이런 상황을 만나게 될 확률이 높다.

나의 생각

퇴근하고 집에 와서 밥 먹으면 8시. 남는 시간은 저녁 4시간. 그래 이 시간을 활용하자. 이 시간에 강의를 듣고 책을 읽자. 그리고 주말에 하루는 임장을 다닐 거야. 우리 가족을 위해 딱 1년만 죽어라 해보자!

아내의 생각

그럼 애는 누가 봐? 나는 집에서 하루 종일 애만 봤는데? 밥하고 설거지는 내가 다 해? 애는 누가 씻기고? 주말에도 나가겠다고?

내 입장에선 억울하다. 하루 종일 일하고 와서 피곤해 죽겠지만 가족의 미래를 위해 내 시간을 갈아 넣으려는 건데, 주말에도 노는 게 아니라 임장을 다닌다는 건데 아내는 화를 낸다. 나는 공격을 아내는 수비를 맡자는 건데, 이해 못해주는 아내가 원망스러울 뿐이다. 반대로 아내 입장에서도 할 말은 많다. 둘째 아이는 2시간마다 깨어 우는 통에 잠도 제대로 못 자고, 아침에는 첫째 아이를 챙겨 어린이집에 보낸다. 청소, 빨래, 설거지도 해야 하는데 아이는 계속 운다. 빨리 남편이 들어오면 좋겠다. 그런데 남편은 와서 공부를 한다. 부자고 나발이고 내가 힘들어 죽겠으니 애들이나 잘 봐줬으면 좋겠다. 주말에라도 애들하고 놀아줬으면 좋겠는데, 또 임장인가 김장인가 밖으로 나간단다. 폭발하기 일보 직전이지만 남편이 노력하는 모습이 안쓰럽기도 하고 고마워서 꾹 참아볼까 한다.

이 상황에서 해법은 무엇일까? 가장 중요한 것은 '대화'다. 내 주장을 관철시키기 위한 대화가 아니라, 서로를 이해하고 감사함을 느끼기 위한 대화를 해야 한다. 내가 이 정도 하는데 이것도 이해 못해? 이런 마음으로 접근한다면 싸움밖에 되지 않는다. 각자의 당위가 있기 때문이다. 상대방의 노력과 힘듦에 대해 진심으로 고마워하고 표현해야 한다. "정말 고생 많았어." "힘들었지?" "자기 덕분에 우리 가족이 이렇게 행복할 수 있는 거야. 고마워." 이런 마음으로 상대방을 바라봐야 한다. 그런데 이게 참 쉽지 않다.

가족의 행복을 위해서는 노력이 필요하다. 돈을 버는 것보다 더 큰 노력이 필요하다. 돈을 벌기 위해서도, 다툼을 없애기 위해서도 엄청나게 노력해야 한다. 한쪽의 일방적인 노력이 아닌 상호간의 노력이다. 기울어진 운동장에서는 공을 찰 수가 없다. 내가 평소에 노력한다는 이유로 쉬는 시간에 게임을 하거나, 잠만 자거나, 친구를 만나러 나간다면 상대방이 노력할 마음이 생길까? 만약 스트레스를 푸는 수단이 게임이라면 애들 자는 시간에 게임을 하면 된다. 잠자는 시간을 줄여서 말이다. 이게 노력이고, 이런 노력을 해야 상대방도 이해를 해준다.

우리 부부는 결혼 8년차다. 지금까지 부부싸움을 한 적이 한 번도 없다(일방적으로 내가 혼나는 일만 있다). 그렇다고 아내의 모든 면이 완벽한 것은 아니다. 나도 불만이 있다. 하지만 불만이 다툼이 되지 않게 풀어서 말하려고 노력한다. 화가 나도 참는다. 이런 나의 노력을 알기에 아내도 노력한다. 그래서 우리는 다투지 않는다. 만약 서로가 양보 없이 싸웠다면 벌써 헤어졌을 것이다. 내가 부동산에 미쳐 공부하고, 책 읽고, 강의 듣고, 임장 다닐 때도 마찬가지였다. 나는 출퇴근 시간에 공부를 하고, 회사에서 틈날 때마다 책을 읽고, 임장은 가족들과 함께 가거나 아내가 허락한 날만 갔다. 불편하고 비효율적이라고 느낄 때도 있지만 '효율'보다는 '행복'이 더 중요하다.

건강한 부자가 되기 위해, 그리고 끈기를 기르기 위해 나는 새벽마다 달리기를 한다. 원래는 퇴근 후에 뛰었지만 둘째 아이가 태어난 다음부터는 아침 5시로 바꾸었다. 퇴근 후 내가 나가버리면 아내 혼자 아이 둘을 봐야 하기 때문이다. 미라클모닝을 그렇게 싫어했던 내가 지금은 미라클모닝을 한다. 이것이 노력이고, 이런 노력을 아내가 이해하고 공감하는 게 대화의 시작이다.

나는 부자가 아니다. 누군가는 나를 부자라고 생각하겠지만 나는 아직 목표를 이루지 못했다. 하지만 앞으로 부자가 될 것이고, 우리 가족이 행복해진다는 확신이 있다. 지금과 같은 노력을 지속하면 될 것이다.

사람들은 성공하기 위해, 부자가 되기 위해 노력한다. 이때 자신의 노력만이 힘들고 고상하다고 생각하면 안 된다. 내가 노력하는 만큼 배우자도 노력하고 있다. 서운한 부분이 있다면 대화로 풀자. 상대방에 대한 공감에서 대화가 출발한다면 반드시 좋은 결과가 나올 것이다. 그래서 성공을 위해, 부자가 되기 위해 가족의 희생은 어쩔 수 없다고 생각하지 않았으면 좋겠다. 우리가 부자가 되고 싶은 이유는 나와 가족의 행복을 위해서니까. '잠깐이야. 잠깐만 견디면 돼'라며 가족을 아프게 하지 않았으면 좋겠다. 투자의 성과는 사람마다 다르기 때문에, 누구는 1년 만에 달성하지만 누구는 10년이 걸릴 수도 있다. 그렇다고 10년 동안 가족의 희생을 강요할 수는 없지 않은가.

[머라밸]
돈과 생활, 부자가 되기 위해선 이 밸런스를 잘 맞추는 게 가장 중요하다. 이 마음을 잊지 말고 좋은 밸런스를 유지하기 위해 지속적으로 노력하자.

거지 근성을

버려야

부자가
된다

네이버 국어사전에 '거지 근성'을 검색하면 다음과 같은 정의가 나온다.

무슨 일을 하든지 다른 사람의 도움을 받아 일을 처리하려고 하는 성질

다음은 나무위키에서 찾은 '거지 근성'의 정의다.

'거지 근성'에 관해 정립된 개념은 없고 대충 아래와 같은 의미로 쓰이는 말이다.
1. 남에게 얻어먹거나 공짜로 뭔가를 받는 것을 좋아하는 기질
2. 자신의 노력보다 더 큰 보상을 바라는 특성
3. 뭐든지 자기의 의지 없이 남의 도움을 받는 것을 좋아하고 주체적으로 처리하지 못하는 것을 비꼬는 말
4. 자신이 받은 것을 당연하게 생각하고 안 주면 화를 냄
5. 매사에 무엇인가를 할 때마다 대놓고 보상을 바라며 그 보상을 바라는 정도가 자신이 한 것보다 더 큰 수준의 보상을 바라는 특성

거지 근성이라고 하면 사람들은 1번, 4번, 5번을 떠올릴 듯하다. 여기서는 2번과 3번에 대해 집중적으로 살펴보겠다.

101

노력보다 더 큰 보상을 바라는 사람

전 축구 국가대표 이영표가 말한 '노력의 복리'에 관한 영상이 있다. 영상에서는 노력의 성질을 설명하며 노력이란 것이 처음에는 한 만큼만 성과를 내는 것 같지만 시간이 흐를수록 그 효과가 복리로 나타난다고 설명한다. 그 영상을 보고 감동을 받았다. 역시 훌륭한 선수는 그냥 만들어지지 않는구나 생각했다. 사람들은 노력의 힘을 잘 모른다. 딱 남들만큼만 노력하거나, 자신의 머리와 능력만 믿고 남들보다 노력을 게을리한다.

노력은 복리의 마법을 가지고 있다. 노력하면 할수록 성과는 노력한 만큼이 아닌 곱절로 돌아온다. 하지만 사람들은 온갖 핑계를 대며 노력을 게을리한다. 더 할 수 있는데도 멈춘다. 그게 최선이라고 생각하면서. '남들만큼 하는 노력'은 진정한 노력이 아니다. 그 정도는 누구나 한다. 진정한 노력의 성과는 '남들보다 더 했을 때' 나타난다. 그 노력이 지속된다면 남들보다 곱절로 앞서갈 수 있다.

그런데 사람들은 자신이 한 노력보다 더 큰 보상을 원한다. 그것도 단시간에 말이다. "저 진짜 공부 많이 했는데 왜 시브님처럼 안 될까요? 제가 뭘 잘못하고 있는 걸까요?" "지금 이 지역, 이 아파트에 들어가는 게 맞을까요? 왜 확신이 안 생기는 거죠?" 강의를 듣고 이렇게 질문을 쏟아내는 분들에게 아무리 조급해하지 말라고 해도, 공부를 오랫동안 해야 보이는 게 많을 거라고 해도, 그들의 마음은 진정되지 않는다.

102

한편으로는 이해도 된다. 트렌드가 워낙 빠르게 바뀌고 있고, 주변에는 코인, 주식, 부동산으로 돈 번 사람들이 많은데 자기만 뒤처지는 것처럼 느껴질 테니. 하지만 내 강의는 4주 안에 그 사람의 능력치를 곧바로 1에서 100으로 끌어올려 주는 도깨비 방망이가 아니다. 1에서 100으로 가는 길 중 쉽고 빠른 길을 알려줄 뿐이지. 강의만 듣는다고 능력이 바로 생기는 게 아닌데도 사람들은 강의만 들으면 안 보였던 목적지가 눈앞에 나타날 거라 착각한다.

하지만 진정한 실력은 강의를 듣는 데서 나오는 게 아니라, 강의를 듣고 나서 얼마나 노력했는지에서 나온다. 강의만 들은 사람 vs 강의를 듣고 주말에만 1시간씩 공부한 사람 vs 강의를 듣고 매일 3시간씩 공부한 사람. 이중 누가 가장 빨리 성장할까? 너무 뻔한 거 아니냐고? 다 아는 이야기 아니냐고? 아니다. 사람들은 알면서도 안 한다. 아니, 못한다. 그래서 늘 소수만이 성공한다. 현재 성과가 안 나고 있다면 스스로를 돌아보라. 노력보다 더 큰 보상을 바라고 있는 건 아닌지. 이런 '거지 근성'이 본인을 좀먹게 할 수 있음을 깨달아야 한다.

도움을 받는 것을 좋아하고, 주체적으로 처리하지 못하는 사람

노력보다 더 큰 보상을 바라는 사람들은 그래도 '노력'이라는 걸 한다. 그런데 이 사람들은 노력조차 하지 않고 대가를 바란다. 누군가가 숟가락으로 밥을 떠먹여 주길 바란다. 조별 과제에서 흔히 볼 수 있는 무임 승차자들이다. 대표적인 '거지 근성'이라고 볼 수 있다. 이런 자세를 가지고 있는 사람들은 부자가 되기 힘들다. 나무위키에서는 이런 사람들을 다음과 같이 표현하고 있다.

> 남들이 노력하여 얻은 것을 공짜로 얻으려 하는 거지들로 사회/경제 용어이기도 하다. 즉, 거지 근성으로 인한 행동이 집단적으로 뭉치면 사회현상으로 발전하기 때문에 학문적으로도 큰 의미를 지닌다. 관계형 거지와 다른 점은 특정 인간관계가 아닌 불특정 상대를 대상으로 일어난다는 점이다. 경제학에서 처음 정의된 개념으로 상세한 내용은 경제학 또는 정치학 등에서 서술하고 있다. 주위에서 흔히 겪는 것으로는 대학교의 조별 과제에서 무임 승차자가 있다. 회사에서는 월급 루팡으로 발전하기도 한다.

'월급 루팡'이라는 단어에 집중하자. 네이버 시사상식 사전에서는 월급 루팡을 다음과 같이 정의한다.

> '월급'과 도둑의 대명사인 프랑스 괴도소설의 주인공인 '루팡(lupin)'을 결합시킨 단어다. 이는 하는 일 없이 월급만 축내는 직원을 가리키는 말로, 월급 루팡들은 '하는 업무가 없는데도 불구하고 바쁜 척하기', '업무시간에 다른 일 하기', '자신의 업무를 다른 직원에게 전가하기' 등의 행태를 보인다.

월급 루팡과 거지 근성이 닮은꼴임을 알 수 있다. 많은 사람들은 월급 루팡이면서 부자가 되길 바란다. 월급 루팡들의 속에는 이미 거지 근성이 들어있기 때문에 부자가 되기 어렵다. 회사는 나를 소모품으로 생각하기 때문에 나도 회사에 최선을 다할 필요가 없다는 말이 어찌 보면 맞는 말처럼 들리지만, 정작 중요한 건 이런 생각을 하는 사람의 '태도와 마인드'다.

회사에서 어려운 프로젝트 지시가 떨어졌다고 해보자. 서로 다르게 생각하는 두 사람이 있다. 누구의 인생이 성공할 확률이 높을까?

A 어려울 것 같은데, 그래도 내가 해볼까? 분명 다들 힘들다고 생각할 거야. 누군가 해야 된다면 내가 하자. 실패하더라도 좋은 경험이 되겠지.

B 저걸 하라고? 말이 되는 소리를 해라. 한심한 것들, 괜히 나서면 개고생이다. 그냥 고개 처박고 있어야지.

대부분은 A의 마인드가 더 좋고 성공할 확률이 높다고 생각하지만 정작 B처럼 행동한다. 나를 비롯한 많은 사람들은 늘 성공의 9할로 '마인드'를 꼽는다. 결국 회사에서든 회사 밖에서든 태도와 마인드는 쉽게 바뀌지 않기 때문에, 회사 생활을 월급 루팡의 마인드로 대충하는 사람이 회사를 나와서 성공하는 것은 쉽지 않다. 내가 100번도 넘게 돌려본 셀트리온 서정진 회장의 영상에서는 다음과 같은 말이 나온다.

"성공하고 싶은 사람은 모든 사람이 좋아하는 사람이 돼줘야 해요. 그래서 최소한 미안함과 고마움을 아는 사람이 성공할 수 있고 그런 사람만이 성공해야 됩니다. 그걸 모르는 사람이 성공하면 그건 재앙이에요."

-서정진, <2017 세계지식포럼> 연설 중에서

월급 루팡은 회사에서 주는 월급의 고마움을 모른다. 그래서 자신의 행동에 대한 미안함이 없다. 이런 사람들은 회사를 나와서도 성공하면 안 된다. 그것이 누군가에게 재앙 같은 일이 될 테니까 말이다. 만약 당신이 '뭐든지 자기의 의지 없이 남의 도움을 받는 것을 좋아하고, 주체적으로 처리하지 못하는 사람'의 마인드를 가지고 있다면, 빨리 '거지 근성'부터 버려라. 그래야 부자가 될 수 있다. 부자가 되는 것보다 중요한 건 그 부를 담을 수 있는 그릇을 키우는 것임을 잊지 않았으면 좋겠다.

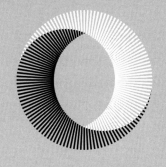

노력은 복리의 마법을 가지고 있다.
노력하면 할수록 성과는
노력한 만큼이 아닌 곱절로 돌아온다.

당신의
꿈과

목표는

무엇인가

〈무한도전〉이라는 예능 프로그램을 참 좋아했었다. 웃음과 교훈을 동시에 주는 에피소드가 많았는데 '인생극장 YES or NO' 특집을 참 재밌게 봤다. 우리가 일상생활에서 하는 수많은 선택들이 어떤 나비효과를 불러일으키는지를 재밌게 표현했던 에피소드였다. 예를 들어 짜장면과 짬뽕 중 짜장면을 고르면 마라도로 가고 짬뽕을 고르면 서울의 최고급 호텔 짬뽕을 먹는다던가, 짬뽕을 고른 후에 후식으로 녹차를 고르면 보성으로 가서 녹차를 먹고 커피를 고르면 호텔에서 커피를 마시는 등 선택 한 번으로 인해 상황이 극단적으로 바뀌는 것을 유머러스하게 풀어냈다. 마지막에는 '인생은 B(Birth)와 D(Death) 사이의 C(Choice)다'라는 명언이 나왔다. 이 명언을 가장 잘 풀어낸 영상이 아니었나 싶다.

당신이 쉽게 포기하는 이유

인간은 끊임없이 선택을 해야 한다. 눈을 뜨는 순간부터 선택의 연속이다. 알람 소리에 눈을 떠야 할지 말지, 운동을 할지 말지, 아침밥을 먹을지 말지, 지하철을 탈지 차를 가지고 갈지, 커피를 마실지 말지 등 거의 모든 행동을 선택해야 한다. 인생은 어떤 선택을 하느냐에 따라 달라진다. 인생의 성패를 결정한다고 믿는 '습관'이라는 것도 결국은 '선택'에 의해 결정된다. 어떤 습관을 기를지부터 오늘 그것을 할지 말지를 결정하는 것, 그것을 얼마나 지속할지 등 모든 것이 나의 선택에 달려있다. 습관은 어떤 행동을 지속적으로 선택하는 것이다. 좋은 습관은 좋은 선택을 그만큼 많이 한다는 것이고, 나쁜 습관은 나쁜 선택을 그만큼 많이 한다는 것이다. 인간은 결국 선택만 하다 죽는다고 했으니, 어떤 습관을 만드느냐가 인생을 결정한다는 명제는 참이 된다.

좋은 습관을 만들면 인생이 달라진다는 것을 모르는 사람은 없다. 그런데도 좋은 습관을 만들기 어려운 이유는 구체적인 꿈과 목표가 없기 때문이다. 똑같은 선택을 계속하려면 분명한 이유와 목적이 있어야 한다. 자신을 설득시킬 수 있을 만한 합리적인 이유가 없다면 그 선택을 반복하지 않을 것이고 당연히 그것은 습관이 되지 못한다. 반대로 꿈과 구체적인 목표를 가지고 있다면 그 선택을 하기 싫고 너무 힘들더라도 그것을 해야 하는 당위가 있기 때문에 억지로라도 그것을 지속하게 된다. 이게 좋은 습관을 잘 만드는 사람과 그렇지 않은 사람의 결정적인 차이다.

만약 당신이 어떤 행동을 지속적으로 하기 힘들거나 좋은 습관을 만드는 데 어려움을 겪고 있다면, 그것에 대한 구체적인 목표와 목적이 있는지부터 생각해 봤으면 좋겠다. 꿈과 목표가 명확할수록, 그리고 그것을 이루고자 하는 의지가 강할수록 선택 빈도가 많아지고 선택 강도가 강해진다. 10킬로미터 마라톤을 완주해야겠다는 명확한 목표가 있으면 달리는 횟수도 잦아지고 거리도 계속해서 늘리게 되어 있다. 그렇게 하지 않으면 그 목표를 달성하지 못하기 때문이다. 그런데 그냥 단순히 달리기를 해야겠다는 추상적인 목표를 세우면 굳이 더 많이 더 오래 달릴 필요 없이 달리기라는 행위만 하면 된다. 무언가를 쉽게 포기하거나 오래 지속할 수 없는 이유는 내가 그것을 간절히 해내야 할 이유가 없고, 그것에 대한 구체적인 목표와 꿈이 없기 때문이다. 그래서 어떤 습관을 만들기 전에는 그것을 해야만 하는 명확한 이유와 목적부터 만들어야 한다.

성공으로 가는 길은 원래 외롭다

조우진이라는 배우를 아는가? 나는 그를 〈내부자들〉이라는 영화에서 처음 봤다. 굉장히 강렬한 인상이었고 연기를 잘한다고 생각했다. 이제 그는 어엿한 주연급 배우로 올라섰지만 사람들은 그가 16년 동안 무명 생활을 했다는 것을 잘 모른다. 지금의 그를 만든 건 운좋게 걸린 1~2개 작품이 아니라 16년간 쌓아올린 연기의 경험이었을 것이다. 자타 공인 대한민국 대표 MC인 유재석도 마찬가지다. 아무도 알아주지 않았던 무명 시절부터 여러 프로그램을 거쳐 지금의 자리에 오른 것이지, 단숨에 최고의 자리에 오른 게 아니다. 그런데 사람들은 그들의 무명 시절이 아닌 현재의 모습과 성과에만 집중한다. 현재 그들의 실력을 만든 것은 아무도 봐주지 않았던 무명 시절의 노력이었는데 말이다.

모든 일이 마찬가지다. 성과가 나오기까지는 일정 시간의 노력이 반드시 필요하다. 하지만 노력의 시간은 그 누구도 알아주지 않는다. 오직 나만이 그 시간을 어떻게 썼는지, 얼마나 노력했는지 알 뿐이다. 차이는 여기서 갈린다. 누군가는 아무도 알아주지 않고 성과도 보이지 않는다며 포기할 것이고, 누군가는 아무도 보지 않는 데서 꿈과 목표만을 바라보고 뚜벅뚜벅 걸어갈 것이다. 포기하지 않고 습관을 지속하는 힘도, 아무도 알아주지 않는 외로움과 싸우는 것도 모두 명확한 꿈과 목표가 있어야 가능하다. 그러니 지금 당장 성과가 나지 않는다고 좌절하거나 포기하지 말자.

► 언제나 성공의 문은 길고 긴 터널 끝에 있고 그곳까지 가는 길은 누구에게나 똑같이 힘들고 어렵다. 그저 그 길을 묵묵히 가느냐 중간에 포기하느냐의 차이다.

► 저 긴 터널 끝에 문이 있다는 믿음과 계속 걸어가면 언젠가는 도착할 수 있다는 확신이 있다면, 누구나 그 길을 걸어갈 수 있다.

► 당신이 해야 할 유일한 일은 끝까지 포기하지 않고 가겠다는 목표를 세우고 묵묵히 그 길을 걸어가는 것뿐이다.

꿈과 목표가 명확할수록,
그리고 그것을 이루고자 하는 의지가
강할수록 선택 빈도가 많아지고
선택 강도가 강해진다.

성공
그래프는

직선이
아니라

계단 형태로
올라간다

요즘 시장이 안 좋지만 나는 굉장히 투자에 목마른 상태다. 규제가 심하고 전국이 많이 올라 예전처럼 안전 마진이 큰 물건들이 줄어들고 있는데도, 가만히 있으면 현금이 녹아내릴 것 같고 남들보다 뒤처지는 기분이 들어서 뭐라도 해야 하는 게 아닌가 하는 조급증이 생긴다. 전국이 조정을 받고 있는 것은 맞지만 모든 지역이 하락장으로 가는 건 아니고 빠르게 반등할 것처럼 보이는 지역들도 보인다.

최근 몇 년간 대한민국 부동산 시장의 상승세는 대단했다. 서울/수도권뿐만 아니라 전국이 불장이었다는 표현이 맞을 정도로 안 오른 지역을 찾기가 어려웠다. 시장이 이렇다 보니 상승장에서 부동산으로 돈 벌었다는 사람들이 여기저기서 나왔다. '누구는 어떤 투자로 얼마를 벌었다더라', '몇 년 만에 얼마의 자산가가 되었다더라' 이런 이야기들을 접하면 부러운 마음이 들면서 관심을 가지게 된다. 결국 반응은 3가지 정도로 정리된다.

무관심형

누군가가 부동산으로 돈을 번 것과 자신은 전혀 상관없다는 부류다. 이들은 누군가가 돈을 벌었다는 이야기에 잠깐 호기심을 가지다가 다시 일상으로 돌아간다. 다른 사람의 성공이 부럽고 관심이 살짝 가긴 하지만 막상 해보려니 낯선 분야에 대한 막연한 두려움과 일상이 끌어당기는 관성에 의해 너무나 자연스럽게 원래 살던 보통의 하루를 계속해서 살아간다. 당연히 인생도 변하지 않고, 예전과 똑같은 삶을 살 수밖에 없다.

질투형

누군가가 돈을 벌었다고 하면 어떻게든 흠을 찾거나 본인이 할 수 없었던 것에 대한 핑계를 찾으려는 부류다.

"상승장에 운이 좋아서 돈 번 걸 가지고 유세 떨기는."

"나도 부모님이 돈을 조금만 보태주셨어도 더 좋은 지역으로 이사 갈 수 있었을 텐데."

"종잣돈이 조금만 더 있었어도 투자할 수 있었을 텐데."

핑계의 종류도 각양각색이다. 이들은 답이 없다. 남 탓만 하거나 다른 사람의 성과를 인정하지 않고 어떻게든 깎아내리려는 태도로는 절대 성공할 수 없다.

노력형

가장 안타까운 부류다. 이들은 뒤늦게 상승장에 뛰어들었거나 뛰어들 마음으로 공부를 시작한 사람들이다. 누군가의 글이나 책 혹은 영상을 접하고 좋은 자극을 받아 인생의 터닝포인트를 만났을 확률이 높다. 누구보다 열심히 공부했고 투자까지 진행한 사람들이 많다. 그런데 현재 시장에서 가장 마음이 조급한 사람들은 무관심형도 질투형도 아닌 바로 노력형 사람들이다. 참 아이러니하다. 가장 긍정적인 변화가 있었고 실제로 노력도 많이 하고 있는데 왜 이들이 가장 조급하고 불안할까? 바로 노력과 성공의 그래프는 y=x 그래프로 그려지지 않기 때문이다. 노력과 성공의 그래프는 직선형이 아니라 낙담의 골짜기를 지나는 곡선형으로 나타나거나 퀀텀점프형으로 나타난다.

열심히 공부하고 투자도 한 것 같은데 돈이 모이지 않거나 투자한 물건들의 수익률이 다른 사람들에 비해 한없이 초라하게 보인다면, 이게 맞는 방향인지, 내가 제대로 노력한 게 맞는지 의심하게 된다. 너무나 잘하고 있고 아직 성과가 나지 않은 것뿐인데 말이다. 이들이 가장 조심해야 하는 시기가 바로 지금이다. 당장의 성과에 눈이 멀어 점점 조급해지고 위험한 투자에 손댈 확률이 높기 때문이다.

솔직히 고백하면 매일 마인드컨트롤을 하고 글을 쓰는 나조차 다른 사람들의 성과를 보면 마음이 조급해지고 '빨리 하나라도 더 사야 하지 않을까?'라는 생각을 끊임없이 한다. 누군가가 유튜브에서 3년 만에 30억을 벌었다고 하면 '지금 내 자산이 얼마지?', '내 물건들은 왜 이렇게 안 올랐지?' '내가 뭘 잘못하고 있는 건가?' 같은 생각들이 스쳐 간다. 그러면서 더 빨리 돈을 벌고 싶은 마음에 잘 모르는 상가나 토지 쪽을 공부해야 하나 싶어 책과 유튜브를 살펴보기도 한다. 부동산 공부를 하고 있고 돈도 좀 벌어본 나조차 이런 생각을 하는데, 이제 막 공부를 시작한 사람들은 오죽할까. 그 마음이 충분히 이해된다.

여기가 중요한 갈림길이다. 누군가는 빨리 부자가 되고 싶은 마음에 충분한 공부가 되지 않은 상태로 잘 모르는 분야에 손을 댈 것이고, 누군가는 조금 천천히 가더라도 방향에 대한 확신을 가지고 성과가 날 때까지 꾸준히 공부할 것이다. 확률로 봤을 때 후자가 성공 확률이 훨씬 높다. 왜냐하면 조급한 마음은 계속해서 본질의 눈을 가릴 것이고, 눈을 가린 채 휘두르는 칼은 언젠가 본인의 목을 겨눌 것이기 때문이다. 나 또한 투자 경력이 짧기에 과거의 상승장과 하락장을 계속해서 복기하려고 노력한다.

'지난 상승장에서는 누가 돈을 벌었을까?'

'저번 하락장에서 무너진 사람들은 어떤 사람들이었을까?'

'그들은 왜 버티지 못하고 무너졌을까?'

여러 사람들을 연구해 본 결과, 이전의 하락장 부동산 시장에서 사라진 사람들은, 상승의 막바지에 달콤한 열매를 맛보고 그 열매 맛을 잊지 못해 무리하게 나무에 오르려다 나무에서 떨어진 사람들이었다. 손에 닿는 높이에 있는 열매는 이미 따먹고 없으니 더 높이 올라가려다 결국 나무에서 떨어져버린 것이다. 나무에 오를 체력과 힘이 없는데도 달콤한 열매에 눈이 멀어 무리하게 나무를 오르다 모든 것을 잃게 된 경우다. 노력형 인간들이 가장 경계해야 할 모습이다.

늦었다는 생각에 기준에 부합하지 않는데도 매수하려고 하는 것, 나는 잘 모르지만 다른 전문가가 추천하니 큰 의심 없이 사는 것, 내가 감당할 수 없는 물건인데도 수익에 눈이 멀어 무리한 투자를 하는 것.

여전히 시장에는 투자할 만한 가치가 있는 소액의 좋은 물건들이 있다. 하지만 자신의 기준과 가치에 맞지 않는다면 과감히 포기할 줄도 알아야 한다. 똘똘 뭉쳐놓은 눈덩이는 쉽게 녹거나 부서지지 않는다. 하지만 어설프게 뭉쳐놓은 눈덩이를 굴리면 부서진다. 그러니 조급함을 버리고 현재 내 눈덩이가 더 큰 눈덩이가 되기 위해 충분히 단단해지고 있는지를 점검해 봤으면 좋겠다. 비록 더 이상 눈이 오지 않는다고 해도 제대로 된 눈덩이만 가지고 있다면 이 눈덩이가 다음 폭설 때 더 큰 눈덩이로 바뀔 수 있기 때문이다. 하지만 조급한 마음에 비가 내리는데도 눈덩이를 굴리려 노력한다면 눈덩이는 녹아 없어질 것이다.

지금 들고 있는 현금을 투자하지 않으면 녹아내릴 것 같지만 꾹 참고 원하는 시기와 가격을 기다린다면 충분히 좋은 투자를 할 수 있다. 그러니 너무 조급해하지 않았으면 좋겠다. 노력형 인간들은 결국 더 좋은 기회를 잡을 것이고, 우리의 성공은 직선형 그래프가 아닌 곡선형이나 퀀텀점프형 그래프를 그릴 것이다.

이상하게

생긴

계단

2022년 상반기의 부동산 시장에서는 하락론과 상승론이 팽팽하게 대립했다. 실제 현장에서는 거의 거래가 없었지만 일부 단지에서는 신고가들이 나오는 상황이어서 전문가들의 의견도 '하락이다' '상승이다'로 갈렸다. 2023년 상반기 시점에서 보면, 2022년에 매수한 사람들은 꼭지에서 매수해서 지금 가장 힘든 시기를 보내고 있으니 결과적으로 2022년은 하락의 시작이 맞았다.

당시에 나는 블로그에 '뭐라도 사야 하지 않을까 조급한 당신에게'라는 글을 썼다. 아직 상승의 분위기와 여운이 남아있었기 때문에 뭐라도 사야 하지 않을까 불안해하는 사람들을 위해 쓴 글이었지만 사실은 나 자신에게 해주고 싶은 말이었다. 나는 보통사람들이 생각하는 성공 그래프와 실제 성공 그래프를 비교해서 설명했고, 많은 사람들이 노력의 성과가 나오지 않는 구간을 견디지 못해 조급하게 투자하려 한다는 점을 지적했다.

모두가 원하는 성공 그래프와
실제 성공 그래프

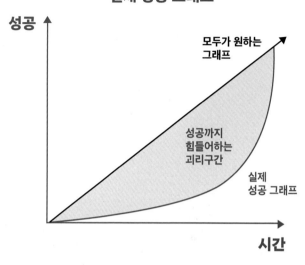

내가 생각하는 성공 그래프

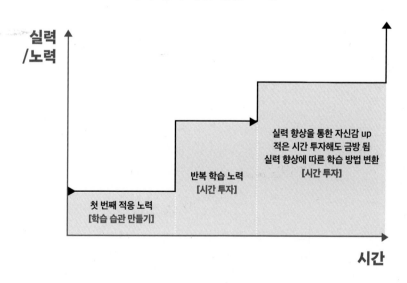

왼쪽 첫 번째 그래프처럼 성공이든 투자의 결과물이든 과정과 결과는 결코 직선으로 올라가지 않는다. 노력을 갈아 넣어도 아무 반응이 없거나 성과가 나타나지 않는 기간이 더 길다는 말이다.

내가 생각하는 성공 그래프는 두 번째 그래프 모양처럼 처음에 노력을 갈아 넣는 시간이 무척 길다. 그렇게 오랜 시간을 갈아 넣어도 결과값이 기대만큼 안 나오는 경우가 많다. 어쨌든 성공의 맛을 살짝이라도 보면 노력을 지속할 확률이 높아진다. 그런데 신기하게도 노력의 양과 시간이 줄었는데도 다음 퀀텀점프에서는 첫 번째보다 훨씬 큰 결과값을 얻는다. 다음 노력에서는 더 적은 값을 넣고도 더 큰 결과값을 얻게 된다. 이게 성공한 사람들이 말하는 진짜 성공 그래프다. 김승호 회장이 쓴 〈돈의 속성〉(스노우폭스북스, 2020)에 따르면 돈 또한 비슷한 원리로 불어난다. 나는 이게 진리라고 믿는다.

요즘 나는 신기한 경험을 하고 있다. 내 노력의 양과 질이 높아졌음에도 불구하고 결과값이 하락하는 것이다. 이를 그래프로 그리면 다음과 같다.

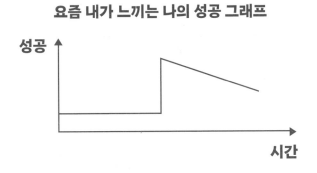

요즘 내가 느끼는 나의 성공 그래프

첫 번째 노력에 비해 성과가 좋아서 빠르게 성장했지만 그 이후 계속해서 더 많은 노력을 하고 있음에도 오히려 결과값은 과거 최고점에 비해 한참 부족한 수치가 나온다. 자산, 월 수익, SNS 트래픽 등 모든 지표가 하락하고 있다. 이전보다 더 많은 노력을 하고 있는데도 말이다.

그래서 불안감이 생겼고 이 불안감을 떨치기 위해 더 열심히 사는지도 모르겠다. 주위에서는 무리하지 말고 조금 쉬었다 가라고 하지만, 쉬어도 불안감과 조급함만 커지기에 스스로를 계속 채찍질하고 있다.

한편으로는 다행이라는 생각도 든다. 왜냐하면 나는 내 성공 그래프가 어떻게 그려질지 알고 있기 때문이다. 아직 가보지 못했지만 그렇게 될 것이라는 믿음과 확신이 있다. 이 확신은 '그냥 그렇게 되겠지'라는 막연한 기대가 아니라, 내가 그동안 쌓아왔던 노력과 시간들을 믿기 때문에 나오는 것이다. 다음은 내가 예상하는 앞으로의 성공 그래프다.

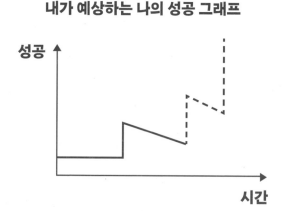

내가 예상하는 나의 성공 그래프

참 이상하게 생긴 계단이다. 최선을 다해 뛰다 보니 도움닫기를 할 힘이 생겼고 도약력이 좋아져 높은 곳으로 퀀텀점프를 했는데 기껏 올라갔더니 다시 내려가는 계단. 최대한 내려가지 않으려고 꾸역꾸역 버텼더니 갑자기 엘리베이터 등장. 이제는 됐다 싶어 예전에 했던 노력의 반만 했더니 헬기 타고 이동.

막연한 기대일지, 실제로 일어날 일일지는 아무도 모른다. 그냥 노력에 대한 믿음과 확신을 가지고 뚜벅뚜벅 걸어갈 뿐이다. 먼저 그 길을 갔던 사람들이 이렇게 가면 목적지가 나온다고 하니 맹목적으로 믿고 가는 것이다. 모든 길이 다 똑같지 않으니 내 길은 조금 다를 수 있다. 하지만 목적지까지의 방향이 올바르다는 확신만 있다면, 그냥 묵묵히 걸어가면 된다.

노력의 결과는 늘 퀀텀점프지만 눈앞에 보이는 성과는 내리막길일 수도 있다는 것. 이것이 요즘의 내가 체감하고 있는 성공의 여정이다. 당신도 이런 감정을 느끼고 있다면, 나의 조언이 위로가 되길 바란다.

지금 당장 책을 덮고 해야 하는 일

책 읽기는 성공하기 위해 가장 기본적이고 필요한 행동이지만 책만 읽는다고 인생이 바뀌는 것은 아니다. 중요한 것은 책을 읽고 무엇을 적용하느냐는 것이지 책 읽는 행위 자체가 아니다. 책을 100권 넘게 읽었는데 인생이 바뀌지 않았다고 말하는 사람들은 책만 읽고 행동하지 않았다. 여기서는 그들을 위한 실전 팁을 담았다. '진짜 될까?' 하는 의심이 들겠지만 일단 해보자. 책만 읽었을 때와 비교하면 명확한 차이를 느낄 수 있을 것이다.

1. 책을 덮고 밖으로 나온다

이 단계가 가장 힘들다. 내가 왜? 굳이? 이렇게까지 안 해도 돼, 귀찮아 같은 악마의 속삭임이 들릴 것이다. 그 마음 잘 안다. 나도 똑같으니까. 제발 속는 셈치고 딱 한 번만 해보자. 그냥 운동화를 신고 밖으로 나오기만 하면 된다. 비가 온다고? 우산을 쓰든 실내 계단으로 가든 일단 자리에서 일어나자. 엉덩이를 떼는 순간, 인생이 바뀔 수도 있다.

2. 걷거나 뛴다

기왕이면 가볍게 뛸 것을 추천한다. 걷거나 뛰는 행동만으로 도파민 수치가 높아져 뇌가 활성화된다. 온갖 잡생각이 들 것이다. 머릿속에 어떤 생각이 떠오르든 그냥 흘러가도록 내버려둔다. 업무든 사랑이든 돈이든, 어떤 것도 상관없다.

3. 메모하거나 녹음한다

휴대전화를 꺼내 떠오르는 생각 중 중요하다고 생각되거나, 나중에 까먹으면 안 될 것 같은 것들을 메모하거나 녹음한다. 메모를 왜 하는지에 대한 이해가 중요하다. 생각 정리는 생각을 남기기 위한 것이 아니라 그것을 바탕으로 행동하기 위해 하는 것이다.

4. 행동한다

정리된 생각은 행동으로 옮긴다. 아주 작은 것이라도 상관없다. 예를 들어, 요즘 건강이 안 좋아져서 건강이라는 키워드를 메모했다면 인터넷으로 영양제라도 주문하라. 머릿속 생각을 그냥 남겨두지 않고 뭐든 하는 것이 중요하다. Just Do It! 이것저것 재고 따지지 말고 그냥 하라. 고민은 이미 2, 3단계에서 끝났으니까.

5. 반복한다

1~4번을 반복한다.

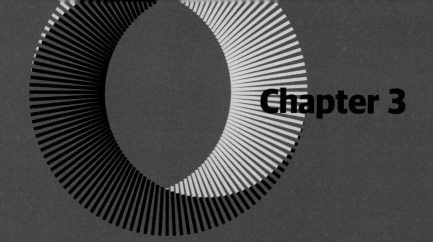

Chapter 3

경험은

최고의
스승이다

"긍정적인 사람은 한계가 없고,
부정적인 사람은 한 게 없다."
-박용후, 『관점을 디자인하라』 중에서

좋은 경험은

'왜?'
라는

물음에서
나온다

나는 중학교 때까지 공부를 잘한다고 생각했다. 충분히 서울에 있는 대학을 갈 수 있겠다고 기대했는데 그 기대감은 고등학교에 가자마자 깨졌다. 전교 등수가 100위권 밖으로 밀리자 오기가 생겨 공부를 더 열심히 했지만 성적은 계속 떨어지기만 했다.

나는 무언가 잘못됐다는 걸 느꼈고, 그때부터 우리 반 1등과 친해지기 위해 노력했다. 그 친구의 공부법이 궁금했다. 그 친구는 흔히 말하는 '범생이' 스타일은 아니었다. 수업시간에 자주 한눈을 팔았고, 쉬는 시간에는 늘 잠을 잤고, 점심시간에는 농구를 했다. 별다른 필기 노트도 없었다. 그런데도 1등이라니, 그저 신기하기만 했다. 한국사 시험을 이틀 앞둔 날, 나는 그 친구의 교재를 빌려 친구가 밑줄 치고 메모한 내용들을 달달 외웠다. 그렇게 해서 처음으로 한국사 과목에서 96점을 받을 수 있었다. 그때 깨달았다. 그동안의 내 공부법은 틀렸다는 것을. 모든 내용을 외우려고 할 것이 아니라 중요한 것만 외우면 되는구나. 그렇다면 뭐가 중요한지만 파악할 수 있으면 되겠네? 시험문제는 선생님이 출제하니까 선생님이 강조한 부분만 공부하자. 그 이후로 내 공부의 효율은 엄청 올라갔고 성적도 수직 상승했다.

공부를 별로 열심히 하는 것 같지 않은데 성적이 좋은 사람이 있고, 반대로 공부를 엄청 열심히 하는데도 성적이 안 나오는 사람이 있다. 이들의 차이는 중요한 것과 중요하지 않은 것을 구분하는 능력에 있다. 공부를 잘하는 애들은 시험에 나올 내용만 집중해서 보고, 공부를 못하는 애들은 모든 것을 외우려고 한다. 시험 성적은 출제자의 의도를 파악하느냐 못 하느냐로 결정된다. 무작정 열심히 하는 것이 정답이 아니라는 사실을 깨닫지 못하면 평생 비효율적인 공부만 하게 된다.

무작정 열심히만 하는 아이들은 '왜?'라는 질문을 하지 않는다. 이 부분이 '왜' 중요한지, 선생님이 '왜' 숙제를 내줬는지 이해하지 못하고 그냥 열심히만 한다. 더 나아가 공부를 '왜' 해야 하는지도 고민하지 않는다. 단순히 좋은 대학에 가야 하니까, 부모님이 하라고 하니까, 학생의 본분은 공부라고 하니까 그냥 할 뿐이다. 하지만 이런 접근 방식으로는 절대로 목표를 달성할 수 없다. 무작정 열심히 하기 전에 반드시 '왜?'라는 질문부터 해야 한다. '왜 이 부분을 강조했을까?', '왜 좋은 대학에 가야 할까?', '왜 돈을 벌어야 할까?' 이런 질문들을 계속해야 시험 문제가 풀리고 인생의 문제들도 풀린다.

부모들은 아이에게 공부해야 하는 이유에 대해 자세히 설명해 주지 않는다. 단순히 학생의 본분은 공부니까, 공부해야 좋은 대학에 가니까, 좋은 대학에 가야 좋은 직장에 취직하고 돈을 버니까, 라고 말한다. 요즘은 공부로만 돈을 버는 세상이 아니다. 패러다임이 완전히 바뀌었는데도 부모들은 여전히 과거의 패러다임으로 아이를 키우고 있다.

요즘 아이들은 유명 유튜버들이 큰돈을 번다는 것을 알고 있다. 아무리 공부를 못해도 유튜브만 잘하면 월 1억을 벌 수 있는 세상이다. 그런데도 부모는 아이를 학원으로 내몬다. 아이가 공부에 관심이 있는지, 어떤 재능이 있는지도 모르면서 자신의 경제력을 넘어서는 사교육비를 지출한다. 공부는 억지로 시킨다고 되는 게 아니다. 아이가 공부를 '왜' 해야 하는지 확실히 이해하고 있다면 아이는 억지로 시키지 않아도 스스로 공부한다. 공부를 해야 하는 이유와 목적이 뚜렷하다면 놀라고 해도 공부한다.

나는 우리 아이들을 억지로 공부시킬 생각이 없다. 공부하고 싶으면 공부하고, 공부하기 싫다면 다른 길을 찾게 만들 것이다. 무엇을 하든 그것을 '왜' 해야 하는지 이유를 스스로 찾고 그 이유가 원동력이 되어 무언가를 할 수 있도록 도와줄 것이다. 무작정 공부하는 것이 아니라 '왜' 공부하는지, 공부로 얻는 이득은 무엇이고 꼭 그게 공부를 통해서만 이룰 수 있는지 등을 스스로 생각해 보게 할 것이다.

인생의 목표가 건물주인 아이가 있다고 하자. 이 아이에게 공부가 꼭 필요할까? 세상에 가방끈 짧은 건물주는 수없이 많다. 이 아이에게 진짜 공부는 교과 공부가 아니라 부자들이 어떻게 돈을 벌었고 어떤 생각을 하고 있는지를 듣는 것이다. 나는 아이들에게 이런 방향성을 알려주고 싶다. 내 아이의 성향이 어떤지 무엇을 좋아하는지 지속적으로 관찰하고 아이의 꿈과 목표를 함께 고민해 주는 것, 그것을 위해 무엇이 필요한지 왜 그것을 해야 하는지에 대한 명확한 목표의식을 주는 것. 이것이 부모의 역할이라고 생각한다. 물론 내 생각대로 안 될 수도 있다. 그렇지만 나는 아이들이 끊임없이 '왜?'라는 물음을 던지고 답할 수 있도록 도울 것이다. 그것이 아이가 원치 않는 사교육을 시키는 것보다 백배 천배 낫다고 믿기 때문이다.

아이들뿐만 아니라 어른들도 마찬가지다. 많은 사람들이 '왜' 하는지도 모르고 성공한 사람들의 행동을 따라한다. 자수성가한 부자가 책 100권을 읽었더니 인생이 바뀌었다고 하면, 사람들은 책 100권만 읽으면 인생이 바뀐다고 착각한다. 중요한 것은 책 100권을 읽는 행위가 아니라 100권을 읽고 무엇을 느끼고 실천했는가인데 말이다. 책 100권을 읽는다고, 독서모임을 나간다고, 필사를 한다고 부자가 되는 것이 아니다. '왜' 그것을 하는지 이해하고 행동으로 옮겨야 효과가 나타나지 무작정 따라한다고 그 사람처럼 되는 게 아니란 말이다.

'왜' 책을 읽어야 할까?
→ 세상에는 내가 모르는 지식이 많다. 다양한 인풋(input)을 넣으면 내가 보는 세상이 넓어지고 내 지식이 깊어지기 때문에 많이 읽으면 읽을수록 좋다.

'왜' 독서모임에 나가야 할까?
→ 단순히 책만 읽는 것과 내 생각을 정리해서 다른 사람들 앞에서 이야기하고(output) 다른 사람들의 생각을 공유하면 내가 못 봤던 부분들까지 함께 생각해 볼 수 있다.

'왜' 필사를 할까?

→ 저자는 어떤 마음으로 이 글을 썼고 이런 행동을 했는지 느껴볼 수 있다. 그리고 쓰는 행위(output)를 통해 읽은 것들을 한 번 더 머릿속에 정리할 수 있다.

이런 식으로 내가 하려는 모든 행동들에 '왜?'라는 질문을 던져보는 습관이 필요하다. 뻔한 말이라 생각하겠지만 이것을 제대로 이해하고 실천하는 사람은 많지 않다. 대부분이 좋다고 하니까 별 생각 없이 따라할 뿐이다. 부끄럽지만 나도 이것을 깨닫기까지 꽤 오랜 시간이 걸렸다. 처음에는 성공한 사람들이 그렇게 행동했다니까 따라 하기에 급급했다. 김승호 회장이 아침에 일어나면 이불 정리부터 하라고 해서 꾸준히 했다. 내가 따라할 수 있는 가장 쉬운 행동이었기 때문이다. 그런데 정말 아침에 이불 정리를 한다고 인생이 바뀔까? 아니, 전혀. 이 행동을 '왜' 하는지 이해하지 못하면 행동의 효과는 반감된다.

이불 정리의 목적은 '매일 하는 작은 성취'다. 좋은 기분으로 잠자리에 드는 것도 중요하겠지만 그것보다 '매일 아침 눈을 뜨자마자 무언가를 해내는 사람이 되는 것'이 행동의 가장 큰 목적이다. 안 하던 행동을 매일 하게 되면 '나는 목표한 것을 매일 해내는 사람'으로 정체성이 바뀐다. 이렇듯 부자들이 추천하는 행동에는 다 '이유'가 있다. 이것을 이해하고 하는 사람과 그렇지 않은 사람이 차이 나지 않는 게 이상하지 않은가. 결국 모든 답은 '왜'에 있다. '왜'라는 질문을 통해 생각과 행동을 바꾸고, 이 경험이 쌓이면 분명 인생은 달라질 것이다.

마지막으로 다음의 물음에 답을 적어보자. 어차피 100명 중 한 명 정도만 해보겠지만, 답을 써보는 사람의 인생은 분명히 달라질 것이라 확신한다.

Q1 나는 이 책을 '왜' 읽고 있는가?

Q2 나는 '왜' 아직도 부자가 아닐까?

Q3 나는 '왜' 부자가 되고 싶은가?

결국 모든 답은 '왜'에 있다.
'왜'라는 질문을 통해 생각과 행동을
바꾸고, 이 경험이 쌓이면
분명 인생은 달라질 것이다.

GV80으로

차를
바꿨다는

친구에게

현대자동차에 다니는 친구가 있다. 얼마 전 그 친구는 GV80으로 차를 바꿨다. 엄청난 직원 할인 혜택에 GV80 엔진 이상 물량에 대한 추가 할인까지 적용해 대략 30% 정도 할인된 5,700만 원 정도에 구입했단다. 친구는 굳이 차를 바꿀 상황은 아니었지만 구입 조건이 너무 좋아 덜컥 구입했다고 한다. 높은 연봉도 부러워하지 않던 내가 처음으로 친구를 부러워한 순간이었다.

나는 2017년에 BMW 320d를 구입했다. 당시에는 부동산은커녕 재테크나 경제에 아예 관심이 없었고, 막연히 수입차를 타고 싶다는 로망 때문에 저지른 일이었다. 맞벌이를 했고 소득도 괜찮았기에 스스로가 수입차를 탈 자격이 있다고 생각했다. 다행인 건 새 차에 대한 로망이 없었기에 2,900만 원짜리 중고차를 구입한 것이다. 차가 좀 작긴 했지만 아이가 한 명이니 탈 만했다. 그런데 둘째가 태어나고 짐이 많아지자 차를 바꿀까 고민이 되기 시작했다. 마침 부동산으로 돈을 좀 벌게 되자 차를 바꾸고 싶다는 생각은 더 강해졌다.

나는 차를 사는 대신 차를 사기 위한 집을 한 채 더 샀다. 공시가 1억 이하에 향후 조정 지역이 될 리 만무한 지역, 투자자들이 전혀 관심 가지지 않을 만한 지역에서 한 채를 매수했다. 오롯이 실거주 수요에 의해, 가치에 맞게 올라갈 만한 지역을 골랐다. 갭은 300만 원으로, 총 투자금은 세금와 복비를 포함해도 약 500만 원 정도였다. 그 집의 예상 매도 시점은 2년 후이며 예상 양도차익은 '세후' 약 3,500만

원이었다. 아이가 둘이 되자 큰 차가 있으면 좋겠다고 생각했지만 지금은 차를 사기보다 조금 더 자산 덩어리를 키워야 된다고 생각해서 내린 결정이었다. 예상대로 아파트가 오른다면 큰 차를 살 예정이다 (세후 4,000만 원의 수익을 거뒀고, 실제로 차를 바꾸는 데 사용했다).

다시 친구의 이야기로 돌아가자. 친구 부부는 맞벌이로 부부 연봉을 합치면 1억이 훌쩍 넘는다. 친구는 차뿐만 아니라 다른 소비도 아주 적극적이다. 골프도 치고 명품도 좋아한다. 하지만 친구는 전셋집에서 살고 있다. 집값은 폭락한다고 믿고 있기에 앞으로도 집을 살 생각이 없다. 이미 너무 많이 올랐다, 지금 가격은 말이 안 된다, 2018년에 샀어야 했는데, 그냥 애 다 키우면 시골 내려가서 살겠다 같은 이야기를 아직도 하고 있다. 물론 지금이야 가격이 조정받고 있으니 자신의 판단이 옳았다고 믿고 있겠지만 내 생각은 다르다. 집을 사고 안 사고를 떠나 친구에게 해주고 싶은 말은 따로 있다.

〈월급쟁이 부자로 은퇴하라〉(너나위, 알에이치코리아, 2022)라는 책에서는 자산을 소비자산과 생산자산의 개념으로 나눠서 설명한다. 소비자산은 쌀, 계란, 물 등의 생필품을 포함해 신발, TV, 노트북 등 일단 감가상각이 되거나 가치가 없어지는 자산이다. 생산자산은 주식이나 부동산 등 인플레이션이나 가치의 상승으로 인해 구입 가격보다 비싼 가격에 되팔 수 있는 자산이다. 책에서는 소비자산의 지출을 줄이고 생산자산의 지출을 늘려야 한다고 말한다. 생필품은 안 살 수 없기 때문에 최대한 줄이는 방향으로 가야 한다.

문제는 자동차, 신발, TV, 명품백 등 없으면 불편하거나 불만이지만 생계에 큰 지장을 안 주는 소비재들이다. 사람들은 소비재를 필요한 만큼만 사는 것이 아니라 필요 이상으로 많이 사거나 자주 바꾼다. 아직 충분히 탈 만한데도 새 차로 바꾸고, 낡지도 않은 신발을 바꾸는 식이다. 멀쩡한 TV도 작다고 바꾸고, 명품 백은 많을수록 좋다고 한다. 특히 외출이 제한적이었던 코로나 시기에 차, 가전제품 등을 바꾸는 소비가 활발했다. 소득은 그대로지만 아파트 가격이 오르니 부자가 된 것 같다고 착각한 것도 한몫했을 것이다. '내 집이 10억인데 이것도 못 바꾸냐!'라는 생각으로 말이다. 내가 살고 있는 아파트에서 수입차가 늘어난 것을 보면 사람들이 생각하고 행동하는 게 다 비슷하다는 것을 알 수 있다. 저자 너나위는 이런 나쁜 소비습관을 바꿔야 부자가 될 수 있다고 말한다.

　어떤 사람들은 이렇게 반문할 수 있다.
　"명품 백 재테크 모르세요? 내가 오픈 런 하는 건 더 비싸게 팔 수 있기 때문이에요!"
　물론 조던이나 구찌 등의 물건은 구입 가격보다 비싸게 되파는 게 가능하기 때문에 재테크 차원에서 보면 소비자산이 아닌 생산자산으로 분류하는 게 맞을 듯하다. 되팔 목적으로 샀다면 말이다. 하지만 대부분의 사람들에게는 소비자산의 지출 비중이 너무 크다. 지출을 통제할 필요가 없는 부자가 아니라 지극히 평범한 사람들이 부자인 척 소비한다. 변두리 빌라에 살면서 수입차 2대를 소유하고, 골프

141

치고, 최고급 호텔로만 여행을 다닌다. 그러면서 돈이 없다며 우는 소리를 한다. 현금 흐름은 전혀 좋아지지 않았는데 깔고 있는 자산이 올랐다는 이유로 지출을 늘린다. 이런 소비 습관을 바꾸지 못하면 절대 부자가 될 수 없다. 혹시 이런 소비 습관을 가지고 있다면, 투자 대상을 찾는 대신 습관부터 고쳐야 한다.

부모님께 드리는 용돈도 생필품과 비슷한 개념이다. 꼭 필요한 경우에는 부모님께 용돈을 드려야 하지만 용돈은 사라지는 돈이다. 즉, 부모님 용돈=소비자산 개념이다. 나는 용돈 대신 부모님을 위한 아파트를 샀고, 아파트의 가치는 올라가고 있다. 즉, 아파트=생산자산의 개념이다.

이렇듯 소비자산을 생산자산으로 바꿔가는 노력을 조금씩 해야 한다. 소비자산 지출에만 관심이 있는 사람들을 멀리하고, 차근차근 생산자산을 모으는 사람들을 가까이 해야 한다. 유유상종이라고 했다. 주변에 어떤 사람들이 있느냐가 내 행동에 큰 영향을 미친다. 친구가 차를 사면 나도 차를, 가방을 바꾸면 나도 가방을 사고 싶다. 친구가 해외여행을 가면 나도 가고 싶고, 친구가 골프를 치면 나도 쳐야 할 것 같다. 하지만 우리는 친구가 차를 바꿨다고 부러워할 것이 아니라, 친구의 명품 백을 시기할 것이 아니라, 친구의 여행 사진을 부럽게 쳐다볼 것이 아니라, 생산자산을 늘려가야 한다.

▶ **인플레이션에 대응할 수 있는 자산, 시간이 지날수록 가치가 올라가는 자산을 많이 모을수록 남들과 다른 삶, 남들이 원하는 삶**

142

을 살 수 있다고 믿어야 한다.

▶ 그러니 부자가 아닌 주변사람들의 소비자산을 부러워하지 말
고, 부자들의 생산자산 모으기 습관을 배우려고 노력하자.

▶ 투자도 소비도 마찬가지다. 평범한 사람과 반대로 하려고 노력
할수록 부자에 가까워지는 법이다.

투자의
정답은

하나가

아니다

나는 강의 초반에 수강생들에게 늘 이렇게 말한다.

"이 강의는 아파트 투자에 대한 내용입니다. 그중에서도 갭투자에 대해 다루죠. 제가 갭투자로 돈을 벌고 강의한다고 해서 지방 갭투자가 투자의 유일한 정답이라고 생각하진 않습니다. 아시다시피 투자의 종류는 무궁무진합니다. 주식도 있고 코인도 있고 부동산도 있죠.

부동산도 여러 종목으로 나눌 수 있습니다. 재개발, 재건축, 분양권, 꼬마빌딩, 상가, 지식산업센터, 경매 등 생각나는 대로 나열해도 이 정도입니다. 중요한 것은 어느 분야에나 돈을 버는 분들은 존재한다는 사실입니다. 토지로 돈을 번 분들은 토지 투자가, 재개발로 돈을 번 분들은 재개발이, 갭투자로 돈을 번 분들은 갭투자가 최고라고 생각할 것입니다. 당연합니다. 세상은 아는 만큼 보이기 때문입니다.

저는 모든 투자를 경험해 보지 않았습니다. 고작 아파트 투자만 해 봤을 뿐입니다. 남들만큼 많은 부를 이룬 것도 아니고 경력도 짧습니다. 그래서 제가 하는 방법이 정답이라고 말씀드릴 수 없습니다. 다만 제가 얼마를 벌지도 모르고, 이것이 제일 좋은 방법이 아닐 수도 있지만, 잃지 않는 투자 방법을 깨달았다고는 생각합니다. 이 강의에서는 그 방법에 대해 알려드립니다."

강의를 시작하기 전에 이렇게 말하는 이유는 내가 부동산의 모든 종목을 통달한 고수가 아니기 때문이다. 질문에 대한 답변을 못할 수 있다는 것에 대해 양해를 구하고, 굳이 여러 종목에 관심을 두지 않고 한 종목만 깊게 공부해도 충분히 부를 쌓을 수 있다는 것을 알려주기 위해서다. 투자를 하다 보면 어쩔 수 없이 비교를 하게 된다.

"누구는 재건축 투자로 얼마를 벌었다더라."
"누구는 분양권을 샀는데 얼마가 올랐다더라."
"누구는 상가 월세로 200이 나온다더라."

이쪽에서 돈을 벌었다는 소리가 들리면 이쪽이 좋아 보이고, 저쪽에서 돈을 벌었다는 이야기가 들리면 저쪽이 좋아 보인다. 내가 잘 모르는 분야로 돈을 벌었다고 해서 부러워하거나 욕할 필요가 없다. 왜냐하면 투자에는 정답이 하나만 있는 것이 아니기 때문에 각기 다른 방식으로 부를 쌓은 사람들이 나오는 게 당연하다. 그냥 인정하자. 여기서 누가 옳은지 따질 필요는 없다. 세상에는 돈을 벌 수 있는 방법이 너무나 많고 사람들은 다양한 방법으로 돈을 번다.

중요한 것은 돈을 번 사람들과 같은 방법을 사용한다고 해서 그들처럼 돈을 벌 수 있는 것은 아니라는 것이다. 누군가 경매로 돈을 벌었다고 해서 나도 경매를 파고들어야 할까? 그 사람이 운이 좋았던 건지, 실력이 뛰어난 건지도 모르고, 그 운이 나에게 올지 안 올지도 모른다. 더 중요한 것은 그 분야에 대해 전혀 모르거나 투자 실력이 미천할 확률이 높다는 사실이다.

전문가들이 한 분야에서 성공한 후 다른 분야에 도전하라고 하는 것은 여기저기 기웃거리기만 하다가 시장을 떠난 사람들을 많이 봤기 때문이다. 미처 성과가 나오기도 전에 다른 사람의 성공 스토리에 혹해 다른 분야를 기웃거린다면, 죽도 밥도 안 될 확률이 높다. 막 투자를 시작한 사람이 이쪽에서도 수익을 내고 저쪽에서도 수익을 내겠다고 생각하는 것은, 조금 과장하면 이제 막 야구를 시작한 사람이 오타니처럼 할 수 있다고 생각하는 것과 비슷하다(오타니 쇼헤이는 지금 메이저리그에서 가장 핫한 선수로 투수와 타자를 겸업하면서 메이저리그 역사를 새로 쓰고 있는 만화에나 나올 법한 인물이다).

공도 잘 던지고, 홈런도 많이 치고, 도루도 많이 하면 좋다. 누가 모를까, 그게 좋은 것을? 그런데 그건 오타니니까 할 수 있는 거다. 오타니만이 가능한 일인데 사람들은 오타니가 어떤 노력을 했는지에는 주목하지 않는다. 오타니가 고등학교 때 만든 목표 달성표를 보면 그가 메이저리거가 되기 위해, 그리고 최고의 자리에 오르기 위해 어떤 노력들을 했는지 알 수 있다. 나 또한 같은 형식의 목표 달성표를 작성하여 노력하고 있다. 그 과정이 얼마나 힘들고 고통스러운지는 해본 사람만이 알 수 있다. 그 목표들을 달성하기 위해 하루하루 얼마나 열심히 살고 어떤 노력들을 하는지를 말이다.

오타니는 목표를 위해 하나씩 천천히 밟아나갔기 때문에 지금의 자리에 오를 수 있었다. 오타니가 목표를 달성하기 위해 목표를 쪼개서 하나씩 실천했듯이, 목표를 이루기 위해서는 결코 쉽지 않은 과정들을 계단 오르듯 천천히 정복해 나가야 한다. 한 번에 모든 것을 바꾸겠다고 욕심내면 금방 지치거나 탈이 난다. 그래서 중요한 능력이 '메타인지'다. 내가 무엇을 잘할 수 있고 동시에 몇 개를 잘할 수 있는지, 어떤 것을 알고 모르는지 등 나 자신에 대해 잘 아는 사람일수록 투자도 잘할 수 있다.

예를 들어 사람 상대하는 것을 어려워하는 사람이 경매 강사 말만 듣고 경매에 뛰어들었다가 명도에서 포기하거나, 숫자만 보면 머리에 쥐가 나는 사람이 재무제표도 안 보고 주식에 투자한다. 이 또한 메타인지가 부족하기 때문에 벌어지는 일이다. 내가 그런 쪽으로 잘할 수 있는 사람이 아닌데 남들이 경매로 돈을 벌었다고 하니 덜컥 낙찰부터 받아버린 것이고, 남들이 주식으로 돈을 벌었다고 하니 쉽게 돈 벌려는 마음에 아무런 지식이 없는 상태에서 주식 시장에 뛰어든 것이다. 물론 경험을 통해 사람을 상대하는 기술도 향상되고 이 과정에서 재미를 느끼며 경매를 잘하게 되는 사람들도 있지만, 막상 해보니 자신과 맞지 않아 포기하는 사람들이 훨씬 많다.

> ▶ 투자에서 필요한 것은 내가 어떤 분야에서 성과를 낼 수 있는지를 깊이 고민해 보고, 그 분야를 공부해서 성과를 내는 것이다.
> ▶ 주말에 여행 다니는 것도 좋아하고 지방 임장을 갈 수 있는 환경이라면 지방 부동산 투자에, 지방에 갈 시간은 없고 자금도 없지만 사람 상대하는 걸 잘한다면 서울/수도권 빌라 경매에 도전하는 거다. 이런 식으로 분야를 정한 후 열심히 공부하고 투자했으면 좋겠다.

오타니의 목표 달성표

몸관리	영양제 먹기	FSQ 90kg	인스텝 개선	몸통 강화	축 흔들리지 않기	각도를 만든다	공을 위에서 던진다	손목 강화
유연성	몸 만들기	RSQ 130kg	릴리즈 포인트 안정	제구	불안정함 없애기	힘 모으기	구위	하체 주도로
스태미나	가동력	식사 저녁7수저 아침3수저	하체 강화	몸을 열지 않기	멘탈 컨트롤하기	볼을 앞에서 릴리즈	회전 수업	가동역
뚜렷한 목표, 목적을 가진다	일희일비 하지 않기	머리는 차갑게 심장은 뜨겁게	몸 만들기	제구	구위	축 돌리기	하체 강화	체중 증가
펀치에 강하기	멘탈	분위기에 휩쓸리지 않기	멘탈	8구단 드래프트 1순위	스피드 160km/h	몸통 강화	스피드	어깨 주위 강화
마음의 파도를 만들지 않기	승리에 대한 집념	동료를 배려하는 마음	인간성	운	변화구	가동역	라이너 캐치볼	피칭 늘리기
감성	사랑받는 사람	계획성	인사하기	쓰레기 줍기	부실 청소	카운트볼 늘리기	카운트볼 늘리기	슬라이더의 구위
배려	인간성	감사	물건을 소중히 쓰자	운	심판을 대하는 태도	늦게 낙차가 있는 커브	변화구	좌타자 결정구
예의	신뢰받는 사람	지속력	플러스 사고	응원받는 사람이 되자	책 읽기	직구와 같은 폼으로 던지기	스트라이크에서 볼을 던지는 제구	거리를 이미지한다

▶ 그리고 그 분야에서 성과를 낸 다음 다른 분야에도 도전했으면 좋겠다. 본인이 오타니처럼 이것도 잘하고 저것도 잘하는 사람이 아니라면 말이다.

▶ 여러 분야에 동시에 관심이 간다면, 우선 한 분야에서 성과를 낸 후 다른 분야로 넘어가는 것이 좋다.

물론 이렇게 생각하는 사람들도 있을 것이다. '나는 재건축도 하고 재개발도 하고 상가도 해서 돈을 벌었는데?' 이들은 기본적으로 감각이 뛰어나거나 누구보다 열심히 공부했을 것이다. 그게 아니라면 억세게 운이 좋은 경우다. 하지만 모든 사람들이 이렇게 돈을 벌기는 어렵다. 전문가는 모든 분야를 잘 알 거라고 생각하지만 사실은 한 분야에만 특화된 것과 같은 이치다. 그러니 길동이가 재건축으로 돈을 벌었다는 말에 흔들리지 말고, 개똥이가 경매로 돈을 벌었다는 말에 부러워하지 말고, 삼룡이가 갭투자로 돈을 벌었다는 얘기에 배 아파하지 말자. 모든 방법에 길을 열어놓되 하나씩 격파해 나간다는 마음으로 한 분야에서 먼저 성과를 내보자. 투자에서 정답은 하나가 아니다.

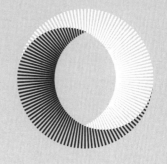

내가 무엇을 잘할 수 있고
동시에 몇 개를 잘할 수 있는지,
어떤 것을 알고 모르는지 등
나 자신에 대해 잘 아는 사람일수록
투자도 잘할 수 있다.

부자들이

학군지에

사는
이유

얼마 전까지 나는 군이 학군지로 이사 가야 할 필요성을 못 느꼈다. 나 또한 학군지에서 자라지 않았지만 자수성가형 부자의 길을 가고 있고, 어차피 될 아이라면 어디서 자라든 성공할 수 있다고 생각했다. 그런데 생각이 바뀌고 있다. 세상에서 가장 맘대로 안 되는 게 '자식 농사'라고 느꼈기 때문이다. 영어를 잘하는 아이로 키우고 싶다고 해서, 경제관념이 뛰어난 아이로 키우고 싶다고 해서 내 마음처럼 되진 않는다. 이 또한 자식을 내 뜻대로 키우고 싶다는 욕심일 것이다. 요즘은 '아이들이 어떤 성격과 성향을 가진 사람이 되면 좋을까?'에 대한 고민을 하고 있다. 이런 고민을 계속하다 보니 왜 부자들이 학군지에 사는지 약간은 이해가 됐다.

부자들은 어떤 성격과 성향을 가지고 있을까? 책과 영상으로 만난 부자들의 공통점은 크게 3가지다.

일단 부자들은 긍정적이다. 남들이 안 된다고 해도 말을 듣지 않는다. 물론 대책 없는 긍정은 아니다. 주변에서 안 된다고 만류할 때 되는 방법을 고민한다. 물론 평범한 사람들보다 실패도 많이 한다. 왜냐하면 평범한 사람은 부정적인 시각으로 시도조차 안 하는 경우가 대부분이지만, 부자들은 일단 도전 자체를 긍정적으로 생각하기 때문이다.

또 부자들은 수용적이다. 뭐든 받아들일 준비가 되어 있다. 이건 이래서 안 되고 저건 저래서 안 되고를 생각하지 않고 일단 해본다. 해보고 아니다 싶으면 그만두거나 바꾸면 되기 때문이다. 그리고 부자들은 배우는 데 돈을 아끼지 않는다. 강의료가 몇 백만 원이어도 아까워하지 않는다. 그 강의를 통해 수천, 수억을 벌 수 있다고 생각하기 때문이다. 평범한 사람들은 일단 의심부터 하고 본다. '저 강의에 수십, 수백을 주는 게 맞는가?', '과연 얼마나 효과가 있을까?' 결국 그들은 돈을 아꼈다며 자기합리화를 한다. 책을 사는 것도 마찬가지다. 부자들은 1년에 수백 권의 책을 사는 것을 아까워하지 않지만 평범한 사람들은 책에 있는 내용과 배울 점에 집중하기보다는 '책팔이', '감성팔이', '돈벌레' 등 저자를 깎아내리는 것에만 관심이 있다.

마지막으로 부자들은 도전적이다. 성공하든 실패하든 일단 도전해본다. 'Just do it' 정신이 내재되어 있다. 정주영 회장의 '해보기나 해봤어?' 정신이 대표적이다. 일단 무슨 일이라도 벌어져야 좋은 방향이든 안 좋은 방향이든 결과값이 나오는데 평범한 사람들은 도전조차 하지 않는다. 안 좋은 결과가 나올까 지레 겁을 먹기 때문이다.

그렇다면 이런 성격과 성향은 타고나는 것일까? 한번 결정되면 변하지 않는 것일까? 아니다. 성격과 성향을 결정짓는 3가지 요소가 있다.

성격을 결정짓는 3대 요소 = 기질+환경+경험

❶ 기질

기질은 타고나는 것이라 변하지 않는다. 연예인들은 어렸을 때부터 기질이 보였다고 한다. 특히 예체능 계열에는 분명 재능이 존재하고 이것은 노력으로 극복할 수 없다. 엄청난 노력으로 스타가 된 사람들도 있지만 타고난 기질이 있다면 목표점에 더 빠르고 쉽게 갈 수 있다. 기질은 선택할 수 없다. 하지만 내 자신이 완전히 바뀐다면 그것이 자식이나 후대의 기질에는 영향을 줄 수 있을 것이다. 물론 기질은 타고난 것이기에 바꿀 수 없지만 좌절할 필요는 없다. 우리에게는 성격과 성향을 바꿀 수 있는 요소가 2개나 더 있다.

❷ 환경

내가 학군지를 긍정적으로 생각하게 된 이유는 바로 환경 때문이다. 성격과 성향은 어떤 환경에서 자라느냐에 따라 달라질 수 있다. 학군지는 단순히 공부하는 환경만을 뜻하지 않는다. 학군지는 다른 지역보다 집값이 비싸고 고소득층들이 많이 산다.

내가 본격적으로 돈에 눈을 뜨기 전에는 부자들은 다 금수저라고 생각했다. 수많은 빌딩과 건물들이 모두 금수저들의 전유물이라고만 생각했는데 내가 부자가 되기 위해 노력하고 많은 사람들을 만나면서 그게 아니라는 사실을 깨달았다. 우리나라에는 자수성가한 부자들이 정말 많고, 그들은 학군지에 많이 산다. 의사, 변호사로 대표

되는 전문직부터 사업이나 재테크로 부자가 된 사람들까지, 다양한 직업군의 부자들이 정보를 공유하며 그들만의 카르텔을 형성하고 있다. 이들이 카르텔을 형성한다고 해서 욕할 필요는 없다. 카르텔은 자연스럽게 형성되기 때문이다.

부자와 평범한 사람들은 대화 자체가 안 된다. 성격과 성향이 전혀 다르기 때문이다. 현재의 생각, 그리고 미래를 바라보는 관점 자체가 완전히 다르다. 상급지로 이동한 사람들은 공통으로 이렇게 말한다. "대화 주제가 다르더라." 유튜브 채널에 대한 이야기만 해봐도 부자들은 신사임당과 김작가 채널을, 평범한 사람들은 먹방과 게임 채널을 말할 확률이 높다. 또한 부자들은 어떻게 하면 자본소득을 늘릴 수 있을까 고민하지만 평범한 사람들은 어떻게 하면 근로소득을 늘릴 수 있을까를 고민한다. 이와 같은 차이는 시간이 갈수록 더 벌어질 것이다.

바뀔 수 없는 기질과 달리 환경은 부모가 바꿔줄 수 있다. 이런 이유로 자식의 환경을 바꿔주기 위해 학군지로 이동하는 게 이해가 되기 시작했다. 단순히 공부를 시키겠다는 마음보다 환경을 바꿔주고 싶은 마음이 더 크다는 것을 느꼈기 때문이다.

❸ 경험

경험은 성격과 성향을 바꾼다. 경험은 환경의 영향을 많이 받는다. 도전하고 성취하는 것에 익숙한 집단에 소속되어 있다면 도전과 성취의 경험을 쌓게 될 것이고, 부정적이고 냉소적인 집단에 소속되어 있다면 실패와 무기력의 경험이 쌓일 확률이 높다. 그래서 학창시절의 경험이 성인이 되었을 때도 큰 영향을 준다.

예전에는 학군 자체를 단순히 공부하고만 연관 지어서 생각했다. 학군지에 가면 공부를 잘하게 될 것이고, 좋은 대학에 가고, 좋은 직업을 가질 확률이 높다고 생각했다. 그런데 그게 아니더라. 더 중요한 것이 있었다. 성공한 사람들은 공통적으로 자신이 해야 하는 일에 엄청난 노력과 몰입을 해본 '경험'이 있다. 학군지에 사는 모든 학생들이 그렇다는 것도 학군지가 아닌 곳에 사는 학생들이 그렇지 않다는 것도 아니지만, 그럴 확률이 높다. 어떤 일에 몰입하고 노력했던 경험이 있는 사람은 새로운 일을 할 때도 그렇게 일할 확률이 높다. 그런데 무엇인가에 미쳐보지 않고 제대로 노력해 보지 않은 사람들은 이를 통한 작은 성공과 성취도 느끼지 못했을 확률이 높다. 자연스럽게 도전을 꺼리고 주변사람들을 보며 그냥 평범하게 살아야겠다고 생각하고 현실에 안주한다. 평범한 사람 옆에는 평범한 사람이, 부자 옆에는 부자들이 많은 이유다.

공부를 잘하든 못하든 환경에 노출되어 있는 것만으로도 자신이 할 일(학생은 공부)에 최선을 다한다면 작은 성취와 성공을 맛볼 수 있는 확률은 높아진다. 이렇게 쌓인 경험들이 성격과 성향이 되고 이 경험들은 새로운 일에 도전하거나 몰입할 때 아주 소중한 밑거름이 된다. 물론 지나친 일반화일 수도 있다. 학군지라고 해서 무조건 그렇고, 학군지가 아니라고 해서 부자가 안 나오는 것도 아닌데 말이다.

나는 학군지에서 자라지 않았고 지금도 학군지가 아닌 곳에서 살고 있다. 그래서 우리 가족의 환경을 바꾸려고 늘 노력하고 있다. 원래 관심이 없었던 학군지에 조금씩 관심을 가지기 시작했고, 아이들이 어떤 환경에서 자라야 스스로의 힘으로 부자가 될 수 있을까를 계속해서 고민하고 있다. 결국 중요한 것은 부자가 되어 돈을 물려주는 것이 아니라, 부자의 DNA를 물려주는 것이라고 생각하기 때문이다.

부자들은 어떻게 하면 자본소득을
늘릴 수 있을까 고민하지만
평범한 사람들은 어떻게 하면 근로소득을
늘릴 수 있을까를 고민한다.

졸부가
된

친구

이야기

졸부가 된 친구 2명이 있'었'다. 이들 중 한 명은 아직도 부자이지만 한 명은 3년 만에 쫄딱 망했기 때문에 과거형으로 말한다.

❶ 싸베 이야기

싸베는 중고등학교 때 친구였다. '스타크래프트' 게임에 나오는 사이언스베슬을 닮아서 '싸베'라는 별명으로 불렸다.

어느 날 학원 앞에 에쿠스 한 대가 서더니 거기서 싸베가 내렸다. 그것도 운전기사가 운전한 차에서. 에쿠스가 부의 상징으로 여겨지던 때라 싸베는 모두의 부러움을 받았다. 전해들은 바에 의하면 싸베의 아버지가 하던 사업이 대박이 나면서 싸베네는 졸부가 되었다고 한다. 싸베의 옷, 시계, 휴대폰, MP3플레이어 등이 최고가 제품으로 바뀌고 싸베는 친구들에게 먹을 것부터 PC방 요금까지 엄청나게 베풀었다. 하지만 친했던 친구들과는 사이가 멀어졌다. 친구들은 자신을 무시하는 듯한 태도에 실망했고, 싸베는 '내가 다 사주는데 니들이 그것도 이해 못해?' 이런 마음이었을 것이다. 3년 뒤 전해들은 싸베의 소식은 씁쓸했다. 아버지가 사업을 무리하게 확장했다가 쫄딱 망했단다. 싸베네는 부를 담을 수 없는 그릇을 가지고 있었기에 돈이 들어오는 족족 다 써버렸다. 차를 바꾸고, 운전기사를 두고, 가전제품을 바꾸고, 여행을 다녔다. 또 부자로 보이기 위한 치장에 계속해서 돈을 썼다. 마치 그 돈을 평생 벌 수 있는 것처럼.

사람들이 착각하는 게 이것이다. 대부분이 '돈을 많이 버는 사람=부자'라고 생각하지만 '부자=자산이 많은 사람'이다. 수익과 자산은 엄연히 다른 말인데도 사람들은 혼동한다. 여기서부터 꼬이기 때문에 부자가 되지 못하는 것이다. 사람들은 의사나 변호사처럼 연봉이 높으면 부자라고 착각하는데, 그들 중 진짜 부자는 생각보다 많지 않다. 왜냐하면 버는 만큼 쓰는 사람이 많기 때문이다. 높은 수익을 활용해 자산을 차곡차곡 쌓은 사람은 빠르게 부자가 되지만, 번만큼 써버리는 사람은 형편이 조금 나을 뿐이지 부자는 아니다.

❷ 돼지 삼촌 이야기

돼지 삼촌은 고등학교 때 친구다. 우리 딸이 "돼지 삼촌!" 하고 부르면 "꿀꿀."이라고 대답해주는 아주 착한 친구다. 그는 고등학교 때부터 남달랐다. 당시 유행하던 ck 팬티의 짝퉁을 구해와 길거리에서 팔기 시작하더니 이것저것 가져다 잘 팔았다. 물론 크게 성공하진 못했지만 매번 도전하고 부딪혔다. 또 지독한 구두쇠였다. 맨날 친구들한테 한 입만 달라고 해서 별명이 '한 입만'일 정도로. 그만큼 돈을 안 썼다.

그는 오로지 '돈'에만 관심이 있었다. 그래서 대학도 안 갔고, 친구들이 대학 생활을 즐길 때는 해병대에 입대했다. 제대 후에는 온갖 일을 하며 쉼 없이 돈을 벌다가 의료기기 회사에 입사했고 퇴사 후 의료기기 사업을 했다. 그는 대부분의 수입을 자산을 구입하는 데 썼다. 2015년에 미분양된 대형 평형을 '줍줍'하고, 오피스텔에도 투자했다. 당시에 그가 청약을 받아야 된다, 상가에 투자해야 한다 같은 말을 했을 때는 흘러들었다. 친구들이 사회 초년생으로 돈 쓰는 맛을 알아갈 때 이 친구는 자산을 불리는 방법을 이미 깨달은 것이다. 그러다 코인에 투자했고 코인 가격이 폭등하면서 20억 넘는 돈을 벌었다. 그런데 코인에 있는 돈을 몽땅 빼서 청담자이로 이사를 갔다. "왜 코인을 팔았냐?"고 물어보니 뜬금없이 다른 친구에게 코인을 샀냐고 물어보더라. 그 친구가 얼마 전에 샀다고 하니 "그래서 판 거야."라고 대답했다. 코인에 '코'자도 모르는 사람들이 코인에 들어올 때가 매도할 타이밍이라면서 말이다.

돼지 삼촌은 고등학교 때부터 돈을 벌면서 그릇을 키운 사람이다. 경제와 사회의 움직임을 책과 신문이 아닌 몸으로 배웠다. 그러면서도 씀씀이는 바뀌지 않았다. 예전처럼 구두쇠는 아니지만 절대 과소비하지 않고 소비자산보다 생산자산을 모으는 데 집중했다. 돈을 모으는 족족 부동산 투자를 하거나 주식이나 달러를 샀다. 이게 싸베와 돼지 삼촌의 결정적인 차이다. 둘 다 졸부로 보이겠지만 둘은 근본적으로 다르다. 그래서 한 명은 무너졌고, 한 명은 무너지지 않았다. 돈을 담을 수 있는 그릇의 크기가 달랐기 때문이다.

<돈의 속성>의 저자 김승호 회장은 이렇게 말했다.

"돈을 버는 능력, 모으는 능력, 불리는 능력, 쓰는 능력은 각기 다른 능력이다."

돈을 많이 벌었다고 해도 돈을 모으고 불리는 능력이 다르고 돈을 대하는 태도에 따라 쓰는 능력이 달라진다. 그래서 졸부가 되어도 무너지는 사람과 유지하는 사람으로 갈리는 거다. 이게 그 사람의 '돈 그릇'이다. 로또 당첨자의 85% 이상은 본래 모습으로 돌아가거나 파산한다고 한다. 큰돈을 담을 수 있는 그릇을 가진 사람이 15% 정도에 불과하고 나머지는 그 돈을 모으거나 불리거나 하지 않고 흥청망청 써버리기 때문이다. 이런 걸 보면 김승호 회장의 말에 저절로 고개가 끄덕여진다.

사람들에게 돈을 아껴야 한다고 말하면 "티끌 모아 티끌인데 무슨!"이라고, 투자하라고 말하면 "지금처럼 위험한 시기에 무슨 투자냐?"라고 대꾸한다. 놀러가지 말고 강의를 들으라고 하면 "언제 죽을지도 모르는데 무슨… 일단 즐길래."라고 말한다.

이런 마음을 가진 사람들이 15%에 가까울까, 85%에 가까울까? 만약 당신이 로또에 당첨된다면 그 부를 유지할 수 있겠는가? 그 돈을 잘 쓸 수 있는 방법에 대해 지금 바로 말할 수 있는가? 만약 당신이 제일 먼저 생산자산에 투자한 후 그 자산을 통해 들어오는 현금 흐름으로 사고 싶은 것을 사거나 주변에 베풀 생각을 했다면, 당신의 생각은 정답에 가깝다. 하지만 당신이 사고 싶은 걸 다 사고 주변사람들에게도 베풀고 나서 남는 돈으로 투자하겠다고 생각한다면, 당신의 돈 그릇부터 키워야 한다.

▶ 내가 가진 그릇의 크기가 간장 종지만 하다면 아무리 큰돈이 들

어와도 다 흘러넘치게 된다. 하지만 그릇의 크기부터 키워놓는
다면 돈은 그 크기에 맞게 들어올 것이다.

▶ 그릇이 커진다는 것은 내가 보는 세상이 넓어진다는 의미이고,
내가 보는 세상이 넓으면 넓을수록 돈을 벌 수 있는 기회는 많아
진다.

▶ 그러니 요행을 바라지 말자. 내가 가진 능력만큼 성공하고 내가
가진 그릇의 크기만큼 돈을 버는 것은 만고불변의 진리니까.

동기부여와

포기는

동일선상에서
출발한다

오늘도 어김없이 5시에 일어나 졸린 눈을 비비며 주섬주섬 운동복으로 갈아입는다. 언제나처럼 팟캐스트에서 '월급쟁이부자들'의 에피소드를 재생한다. 오늘은 월부 출신의 튜터가 순자산 20억을 달성한 이야기다.

나는 월부 출신은 아니지만 월부의 애청자다. 거의 모든 에피소드를 들어서 그런지 그날의 에피소드는 익숙하고 뻔했다. 월부의 투자 원칙, 임장했을 때 고생한 이야기, 고생 끝에 낙이 온다는 뻔하디 뻔한 이야기가 진부하고 식상하게 느껴져 나도 모르게 그 사람의 성과를 운으로 치부했다.

'그래, 열심히 했겠지. 근데 어차피 시기를 잘 타서 돈 번 거 아냐? 근데 나보다 많이 벌었네. 운이 좋았겠지.'

갑자기 열등감이 느껴졌다. 나와 비슷한 시기에 시작했는데 어떻게 나보다 더 많이 벌었지? 내가 뭘 잘못한 거지? 이렇게 비교하니 비참해졌다. 처음에는 뻔하디 뻔한 이야기라고 생각했는데, 계속 듣다 보니 그가 정말 열심히 산 사람이라는 것을 알게 되었다. 그는 하루도 허투루 살지 않았을 것이다. 군산에 살면서 퇴근 후 서울 임장을 갔다가 쪽잠을 자고 다음 날 다시 군산으로 출근했단다. 여름날 임장을 할 때는 500원이 아까워 300원짜리 생수를 사먹었단다. 교통비가 아까워 30분을 걸어갔단다.

수없이 들었던 이야기인데 갑자기 울컥해졌다. 나는 이만큼 열심히 살았던가. 동기부여가 됐다. 어느 때와 다를 바 없는 평범한 내용이었는데, 갑자기 가슴속에서 무언가가 불타오르기 시작했다. 똑같은 이야기를 듣고도 누군가는 동기부여를 얻는 반면 누군가는 포기할 수도 있겠다는 생각이 들었다.

사실 성공한 사람들의 스토리는 뻔하고 진부하다. 중요한 건 그 사람처럼 사는 게 어렵다는 것이다. 저 사람처럼 열심히 하면 성공할 수도 있겠다는 생각 한편에는 그렇게까지 살고 싶진 않다는 생각도 있다. 그래서 사람들은 포기한다. 그래야 편하니까. 어차피 그들은 나와 다른 부류의 사람이니까. 하지만 누군가에게는 이런 이야기가 동기부여가 된다. 나도 열심히 살면 저 사람처럼 될 수 있다는 희망을 품는다. 저 사람도 할 수 있는데 나라고 못할 건 없다고, 저 사람만큼 못하더라도 최선을 다하자고 결심한다. 이렇게 동기부여와 포기는 동일선상에서 출발하고, 그것은 한끗 차이다. 뻔한 이야기가 누군가에게는 동기부여가 되지만 누군가는 포기하게 만든다. 이것이 성공과 실패를 가르는 결정적인 한끗이다.

여기서 더 조심해야 할 한끗이 있다. 그것은 바로 '폄하'다. 포기하는 사람들은 두 부류로 나뉜다.

1. 그 사람의 성과나 노력은 인정하지만 내가 하는 건 어렵다고 생각하는 사람
2. 그 사람의 성과나 노력을 폄하하면서 핑곗거리만 찾는 사람

두 부류도 한끗 차이다. 결론적으로 폄하를 하는 사람과 동기부여를 받는 사람은 두 끗 차이가 된다. 한끗 차이는 마음을 조금만 바꾸면 결과를 바꿀 수 있지만, 두 끗 차이는 결과를 한 번에 뒤집기 어려울 수 있다. 결국 다른 사람의 성과와 노력을 폄하하는 사람들은 본인이 노력하기 이전에, 다른 사람을 '인정'하는 것부터 시작해야 한다. 다른 사람의 성과와 노력을 인정하지 않고 본인의 성과에만 집중하면 계속해서 비참해지거나 교만해질 뿐이다.

다른 사람의 성과를 인정하는 것은 생각보다 어렵지 않다. 그냥 '그랬구나', '그랬겠구나'를 반복하면 된다. 그냥 그 사람이 힘들었다는 이야기에 억지로 공감하고 감정 이입을 하면 된다. 그러다가 그 사람이 한 행동 중 하나라도 따라해 보라. 그러면 그동안의 억지 공감이 현실 공감으로 바뀐다. '아, 이게 진짜 힘든 거구나.' 이런 생각이 들면 자연스럽게 그 사람을 인정하게 되고 그 사람의 성공 스토리에 더 귀를 기울일 수 있다.

누군가를 인정하게는 됐지만 그런 노력을 지속하지 못할 것 같다면 작심삼일을 반복해 보라. 뭐든 꾸준히 하는 것은 어렵다. 그런데 3일 정도 해보는 것은 크게 어렵지 않다. 문제는 3일만 하고 영영 하지 않는 것이다. 3일 하고 며칠 쉬고, 또 3일 하고를 반복하는 것이다. 3일을 해보고 나와 맞지 않는다는 생각이 든다면, 다른 것을 또 3일 해보면 된다. 힘들면 조금 쉬었다가 다시 시작하고, 안 맞으면 다른 걸 찾아서 해보면 된다. 작심삼일을 꾸준히 반복하면 여기서도 작은 성취를 느끼고 성과가 나온다. 중요한 것은 작심삼일을 꾸준히 반복해야 한다는 것이다.

작심삼일의 반복이 불같은 3개월보다 낫다. 어떤 사람은 무언가에 꽂혀 3개월을 미쳐서 한다. 그러다 열정이 확 식어서 그만둬버린다. 뭐든 장비발이라며 시작하기도 전에 장비를 잔뜩 사놓고는 3개월 만에 때려치운다. 영어 공부를 하겠다고 잔뜩 책을 사놓고는 한 달 정도 공부하곤 때려치운다. 이러면 변하는 게 없다. 뭐든 꾸준해야 한다. 작심삼일이어도 좋으니 조금 쉬어가도 좋으니, 꾸준히 해야 한다.

▶ 끈기와 지속성. 성공의 기본이자, 제1원칙이다.

▶ 다른 사람의 노력을 폄하하지 않고 인정하는 것.

▶ 그 인정을 넘어 나에게 동기부여가 되는 것.

▶ 그리고 지속적으로 실천하고 행동하는 것. 이것이 이어진다면 반드시 성공할 것이다.

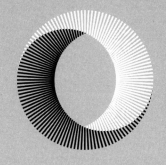

뻔한 이야기가
누군가에게는 동기부여가 되지만
누군가는 포기하게 만든다.
이것이 성공과 실패를 가르는
결정적인 한끗이다.

결혼은

정말

미친 짓일까?

아직 결혼을 안 한 동기들과 후배들이 꽤 있다. 다들 결혼에 대한 생각과 가치관이 제각각이다. 애초부터 결혼에 대한 생각이 전혀 없는 비혼족의 생각은 존중하는 편이지만 결혼을 할까 말까 고민하는 친구들에게는 결혼은 되도록 빨리 하는 게 좋다고 말한다.

나는 2016년에 결혼했다. 7년이 넘는 결혼생활 동안 단 한 번도 싸운 적이 없다. 물론 서로 기분이 상해 눈을 흘기거나 서운해 한 적은 있지만, 언성을 높이거나 서로에게 상처가 되는 말을 한 적은 한 번도 없다. 물론 싸우지 않았을 뿐이지 내가 일방적으로 혼나는 경우는 많았다. 애를 잘 보라고 했는데 잠깐 휴대전화를 보다가 애가 침대에서 떨어졌다거나, 만취해서 늦게 귀가했다거나.

연애 시절, 본능적으로 아내와의 싸움에서 이길 수 없다는 것을 깨달았다. 사랑하는 사람은 이겨야 하는 상대가 아니라 무조건 져줘야 하는 대상이라는 것도. 내가 아내와의 결혼을 결심한 이유 중 하나도 이것이다. 다른 연애에서는 일정 기간까지는 상대가 원하는 모습으로 살다가 본래 모습으로 돌아오곤 했다. 처음에는 모든 것을 다 줄 것처럼 사랑을 표현하다가 관계가 익숙해지면 늦게까지 술 마시고 연락도 잘 안 하는 원래 모습으로 돌아갔었다. 대부분의 다툼은 서로가 본래의 모습으로 돌아가기 때문에 발생한다. 사랑은 끊임없는 노력이다. 사랑하는 사람이 원하는 모습을 유지하기 위해 노력해야 한다. 이것을 깨닫게 해준 게 아내이기에 내가 더 괜찮은 사람이 될 수 있었다.

"제수씨는 모든 게 완벽해?"

"아니, 모든 게 완벽한 사람이 세상에 어딨어? 그냥 그러려니 하는 거지."

어떻게 그게 되냐고 반문하지만 내가 아내를 이길 수 없다는 사실을 너무나 잘 알기 때문에 섣불리 아내를 고치려 들지 않는다. 끊임없는 대화를 통해 서로를 이해하고 맞춰가거나, 내가 잘하는 모습을 보여 아내 스스로가 느끼고 바뀔 수 있도록 기다린다. 물론 모든 게 내 생각대로 되진 않지만 노력은 하고 있다. 지금부터 왜 결혼이 꼭 필요하다고 생각하는지, 어떻게 하면 결혼 생활을 잘할 수 있는지에 대해 이야기하고자 한다.

결혼이 꼭 필요한 이유

결혼을 해야 하는 이유는 간단하다. 인간은 외로움을 느끼는 동물이기 때문이다. 사실 '영원한 내 편'이 생긴다는 이유 하나만으로도 결혼의 가치는 충분하다. 많은 사람들이 남편을 '남의 편'이라고 말할 만큼 결혼해도 외로운 사람들이 있지만 반대의 경우도 많다. 내 주변 사람들의 결혼생활이 행복해 보이지 않는다고 해서 '결혼=불행'이라는 결론을 내리면 안 된다. 아내는 내가 어떤 결정을 하건 진심으로 응원해 줄 수 있는 영원한 내 편이다. 세상 모든 사람들이 내게 등을 돌려도 아내만은 내 옆에 남아있을 것이고, 어떤 어려움이 와도 나 혼자가 아니라는 안정감을 준다. 이것이 어떤 결정을 내릴 때 정말 큰 힘이 된다. 혹시 결과가 잘못되더라도 나와 함께 힘든 시간을 견뎌줄 사람이 옆에 있다는 사실이 위안이 되고 나를 믿어주는 사람을 위해 포기하지 않고 전진하는 용기를 내게 해준다.

결혼을 하면 부모가 될 수 있다. 자식을 원하지 않는 사람에게는 결혼이 필수가 아니지만 나와 사랑하는 사람의 2세를 원한다면 결혼은 꼭 해야 한다. 우리나라가 아직 할리우드 문화가 아닌 건지 아니면 내가 꼰대 마인드인지는 모르겠지만 결혼하지 않고 자식만 키우는 건 왠지 어색하다.

이 두 가지 이유로 결혼은 가치 있는 일이고, 무조건 하는 게 좋다고 생각한다. 기왕이면 빨리 하는 게 좋다. 남자의 경우 결혼을 하면 책임감이 생기고 철드는 경우도 많다. 뭐든 다 때가 있다는 어른들의 말에 깊이 공감한다. 지나고 보니 다 때가 있더라. 공부를 해야 할 때, 결혼하기 적정한 때, 애 낳기 적정한 때. 물론 절대적 기준은 아니지만 제때 공부하고 취업하고 결혼하고 자식을 키우는 사람들이 잘 사는 경우가 많다. 평범하게 사는 게 제일 어렵다는 건 어쩌면 제때에 해야 할 것들을 해내는 게 그만큼 어렵기 때문이 아닐까.

결혼생활을 잘할 수 있는 팁

3가지가 있고 3가지가 없으면 결혼생활을 잘할 수 있다.

❶ 3無

1-1 '조건'이 없어야 한다

배우자에게 바라는 게 없어야 한다. 더 정확히는, 바라는 것을 티내지 않아야 한다. 특히 '내가 무엇을 했으니 너는 무엇을 해야 한다'라는 마음부터 바꿔야 한다. 예를 들어, '내가 밖에서 돈을 버니 너는 독박 육아하는 게 맞아.', '내가 밥을 차리니 설거지는 네가 해.'와 같은 마음이다. 내가 무슨 행동을 하건 조건을 달면 안 된다. 세상에 당연한 것은 없다. 내가 1을 하면 상대방이 1을 하는 게 인간관계의 기본이지만, 부부관계는 그것과 다르다. 이런 1:1 베이스를 버리고 서로 대화를 통해 합의점을 찾아나가야 한다. 그게 부부생활의 시작이다.

나는 회사를 다니며 책을 쓰고 강의를 한다. 하지만 설거지, 청소, 분리수거 등의 집안일과 육아도 한다. 물론 아내와 맞벌이를 하던 때보다 비중이 많이 줄었지만 여전히 아내가 시키지 않아도 집안일을 하려고 노력한다. 그건 아내가 게을러서도, 부탁해서도, 눈치를 줘서도 아니고 그렇게 하는 게 우리의 행복을 위해 필요하다고 생각하기 때문이다. 내가 몸을 움직이면 아내는 본인이 하겠다고 한다. 마지못해 "오늘은 그래줄래?"라고 말하는 한이 있더라도, 애초부터 할 마음이 없었던 것과 내가 할 의지가 있다는 것은 천지 차이다. 내가 사랑하는 사람을 배려하고 생각하면, 자연히 그 사람도 나를 배려하고 생각해 준다. 그러니 조건을 달지 말자. 남들도 그렇게 하니까 그것이 당연한 거라고 생각하지 말자.

진짜로 고마움을 모르는 사람들이 있다. 호의가 계속되면 그게 권리인 줄 아는 사람들이 있다. 그럴 때는 바로 말을 꺼내지 말고 적어도 3번은 참아보자. 그리고 나중에 3번의 상황에 대해 진지하게 대화해 보자. 본인이 서운했던 것보다 상대방을 얼마나 사랑하고 배려하고 있는지에 대해 말하고, 그 상황에서 상대방이 어떻게 행동했는지에 대해 객관적으로 말해주자. 내가 먼저 배려하는 방향으로 변화하면 분명 상대방도 긍정적인 방향으로 변할 것이다.

1-2 '자존심'이 없어야 한다

사랑에서 가장 버려야 할 것이 자존심이라고 한다. 결혼생활 역시 마찬가지다. 내 자존심을 세우려 하지 말고, 배우자의 자존심을 세워주려고 노력하자. 부부싸움의 대부분은 자기가 옳다고 믿는 것을 끝까지 지키려다가 발생한다. 길 가는 모든 사람을 잡고 물어봐도 내가 옳다는 확신이 있다고 치자. 그래도 져줘야 한다. 결국 지는 게 이기는 거더라. 사실 상대방도 본인이 틀렸다는 것을 알지만 자존심 때문에 끝까지 맞다고 우기기도 한다. 그 상황만 넘기면 된다. 상황만 넘기고 한 박자 쉬고 다시 대화를 하면 풀리는 경우가 많다. 그런데 순간적인 화를 참지 못하고 감정을 표출하고 마음에 없는 말까지 해버리면 그때는 걷잡을 수 없다. 그러니 모든 자존심을 버리고 일단 져

쥐라. 이런 노력이 계속되면 분명 상대방도 고마움을 느끼고 바뀔 것이다. 서로가 배려하며 져준다면 자존감이 높아지면서 싸움이 발생하지 않는다. 어렵겠지만 순간의 화를 참고 지는 연습부터 시작하자. 잊지 말자. 자존심은 사랑하는 사람에게 세우는 것이 아니라, 사랑하는 사람을 지키기 위해 세우는 것임을.

1-3 '한눈'이 없어야 한다

한눈의 사전적 정의는 '마땅히 볼 데를 보지 아니하고 딴 데를 보는 눈'이다. 결혼생활에서는 한눈을 팔지 않아야 한다. 아무리 돈을 잘 벌고 인격적으로 훌륭하다고 해도 한눈을 팔면 모든 것이 무너질 수 있다. 주변에서도 외도를 하거나 유흥 문화를 즐기는 사람들이 있다. 성적인 문제는 의식적으로 경계해야 한다. 한 번의 실수로 내가 쌓아놓은 모든 것이 무너질 수 있다는 생각을 항상 가지고 있어야 한다. 인간이 지구의 지배자가 될 수 있었던 이유는 본능을 통제할 수 있는 힘이 있었기 때문이다. 본능은 순간적인 감정이니 그 순간만 잘 넘긴다면 충분히 이겨낼 수 있다. 부부관계의 기본은 '신의'이고, 신의는 한눈을 팔지 않는 데서 나온다.

❷ 3有

2-1 '돈'이 있어야 한다

돈이 없어도 행복할 수 있다는 것은 돈이 없는 자들의 비겁한 변명이다. 돈이 없으면 불행해지고 돈이 많으면 더 행복해질 수 있다는 것을 인정해야 돈으로부터 조금은 자유로워질 수 있다. 부부싸움의 대부분은 돈과 관련된 문제로 인해 일어난다. 집안일을 했냐 안 했냐도 돈이 있으면 해결할 수 있는 문제이고, 양가 부모님께 용돈을 넉넉히만 드릴 수 있어도 고부갈등과 장서갈등은 줄어든다. 돈이 없어도 행복할 수 있지만 돈이 많으면 훨씬 더 행복해질 수 있다. 그러니 돈 문제를 외면하려고만 하지 말고 부부가 머리를 맞대고 고민하자. 둘 다 공격할 것인지, 각각 역할을 분담해서 한 명이 공격을 하고 한 명이 수비를 할 것인지를.

우리 집의 경우 내가 공격을 맡고 아내는 수비를 맡기로 협의했다. 상대적으로 내가 공격에 재능이 있고 아내는 수비에 재능이 있기 때문이다. 이는 둘의 성향과 능력을 고려해 합의하에 결정해야 하는 것이지 일방적으로 통보하면 안 된다. 내가 현재 돈을 조금 더 잘 번다고 해서 무조건 공격을 해야 하는 것은 아니다. 한 명이 돈을 벌러 나가면 한 명이 집안을 챙겨야 한다. 그런데 상대방 또한 밖에 나가서 돈을 버는 게 더 편하고 쉬울지도 모른다. 그래서 역할 분담은 돈의 액수보다 합의가 우선시되어야 한다. 역할 분담이 끝났다면 서로의 역할을 존중해 주자. 존중이 없는 팀플레이는 무너지게 되어있다. 부부는 한 팀이라는 것을 기억하라.

2-2 '역지사지의 마음'이 있어야 한다

부부싸움의 대부분은 본인의 입장만 생각하기 때문에 벌어진다. 본인은 상대방의 입장을 생각해 보고 말했다고 하지만 대부분 본인의 기준에 상대방을 구겨 넣은 상태로 판단하는 경우가 많다. 상대방의 입장에서 생각해 보는 습관은 부부싸움을 크게 줄여준다. 하루종일 회사 업무에 치여 쉬는 시간 없이 일하고 집에 왔는데 내가 하루 종일 애들을 봤으니 이제는 당신이 애 좀 보라고 한다면, 아마 화가 날 것이다. 힘들다고 하소연하고 싶을 것이다. 그럴 때는 상대방의 입장에서 생각해 보자. '하루 종일 애들 보는 게 얼마나 힘들었을까. 6살 딸은 정말 말을 안 듣고 2살 갓난쟁이는 하루 종일 안아달라고 보채니 얼마나 힘들었을까. 나였다면 벌써 엄마를 불렀을 거야. 그래, 나도 힘들지만 아내도 힘들었으니 내가 오늘은 조금 더 힘을 내보자.' 이렇게 생각하는 순간 다툼은 없어진다. 호구냐고? 아니. 내가 이렇게 생각해야 상대방도 내 입장에서 생각해 준다. '남편은 우리 식구를 위해 하기 싫은 일도 억지로 하면서 우리를 먹여 살리는데, 내가 힘들어도 이겨내야지.' 내가 먼저 배려하고 양보하고 그 사람을 생각하면, 그 사람도 자연스럽게 그렇게 하게 되어있다. 그것이 인지상정이다. 그런데 서로 힘든 것만 이야기하고 본인의 입장만 말한다면 아무것도 해결되지 않는다. 감정의 골만 깊어질 뿐이다. 앞서 말했지만 이 모든 것에는 조건이 없어야 한다. 진심은 결국 통한다는 것을 믿고 계속해서 역지사지의 마음을 품는다면 머지않아 상대방의 마음도 움직일 것이다.

2-3 '우쭈쭈'가 있어야 한다

인간은 늘 인정받고 싶어 한다. 이 마음만 잘 활용해도 부부관계가 원만해질 수 있다. 열심히 일하고 온 사람에게 "겨우 그거 벌면서 무슨 생색을 그렇게 내?"라고 말한다면 싸움이 안 나겠는가? 버는 돈이 성에 안 차고 엄살이 심한 것 같아 보여도 "여보, 고마워. 당신이 있어서 우리 가족이 있는 거야. 진짜 고생 많았어."라고 말해주면 없던 힘도 날 것이다. 서로를 칭찬하고 존중할 때는 상대방이 어린아이라고 생각하는 게 도움이 된다. 인간이라면 두 발로 걷는 것이 당연하지만 우리는 아기가 걷기 시작하면 연신 "잘한다!"를 해준다. 부부 사이의 칭찬도 이렇게 하면 된다. 상대방이 청소를 해놨는데 마음에 안 들어도 "우와. 자기가 청소한 거야? 집이 빛난다. 자기 덕분에 집이 깨끗해졌어."라고 말한다면 상대는 신나서 더 열심히 청소를 할 것이다. 아이가 건강하게만 자랐으면 좋겠다고 생각하는 부모의 마음처럼 부부도 서로에게 바라는 눈높이를 확 낮추면 더 행복해질 수 있다. 상대방이 미워 죽겠다면 미운 7살이라고 생각하자. 7살이 돈도 벌어오고 분리수거도 하네. 대견하다! 이렇게만 생각해도 한결 마음이 누그러질 것이다. 잊지 말자. 칭찬은 고래도 춤추게 한다.

너무 뻔한 이야기라고 생각하는가? 원래 인생의 진리는 뻔하고 유치하다. 결혼생활도 마찬가지다. 뻔하고 당연하고 누구나 알고 있는 그 행동을 내가 '먼저' 하면 된다. 앞의 내용을 한 번에 하기 어렵다면 하나씩 실천해 보자. 내가 변하면 분명 상대방도 변할 것이다. 내가 사랑하는 그 사람을 믿어보자. 부부관계는 분명 좋아질 것이고 지금보다 행복한 미래를 함께 꿈꿀 수 있을 것이다.

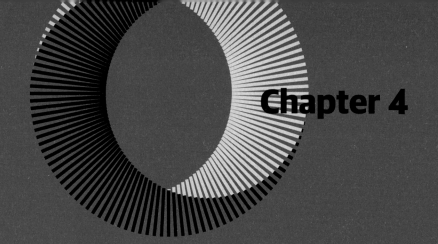

Chapter 4

꾸준함이

부자를
만든다

"성공하기 위해서는 정말 하기 싫은 걸
몇 십 년 동안 계속해야 돼요.
그게 정답이거든요."

-가수 박진영(JYP), <유 퀴즈 온 더 블럭> 인터뷰 중에서

행동으로
논리를 대변하고

결과로써

과정을
입증한다

아주 오랜만에 회사 동기 모임을 했다. 못 본 사이에 나는 물론 모두에게 많은 일들이 있었다. 이런 저런 이야기 끝에 서로의 재테크 경험을 나누게 되었다.

A   블로그로 월 1,000만 원이 넘는 부수입을 벌고 있고, 부동산과 주식에 관심이 많고 코인은 도박이라고 생각함

B   코인으로 10억 넘게 벌었지만 최근 하락으로 5억대까지 빠졌다고 함. 부동산은 폭락한다고 생각하지만 생각보다 너무 상승이 길어지자 뒤늦게 서울 아파트를 매수하기 위해 알아보는 중(빌라를 내놓은 상태이고, 빌라 매도 후 아파트를 매수할 예정)

C   가족에게 들어간 돈이 1억이 넘음. 부동산, 주식, 코인에 두루 관심이 많지만 큰돈을 굴릴 수 없는 상황. 취미로 골프도 치고 연애도 하면서 행복한 삶을 위해 노력하는 중

D   회사 개인연금에 들어있는 금액 정도로 주식(펀드 포함)에 투자한 상태이고 코인에는 관심 없음. 부동산 공부에 빠져 투자도 하고, 책도 쓰고, 강의도 하는 중

동기 모임 전에는 내가 현재 하고 있는 일들(책을 쓰거나 강의를 하는 등)을 자랑하고, 한심하게 살고 있는 동기에게는 잔소리도 할 생각이었다. 하지만 내가 이야기할 시간은 별로 없었다. 각자가 어떻게 돈

185

을 벌고 있는지에 대해 말하느라 바빴다. 예전에는 모이면 회사에 대한 대화만 했었는데, 참 많은 게 바뀌었구나 싶었다.

이날의 뜨거운 감자는 코인이었다. A vs B&C 구도로 대화가 흘러갔다. A는 코인은 도박이라고 생각하기 때문에 알지도 못하면서 위험한 투자는 하지 말라고 충고했고, B&C는 네가 코인을 몰라서 그러는 거다, 1억 가는 거 금방이라고 말했다. 나는 잘 몰라서 그냥 듣기만 했다.

A 입장에서는 답답했을 것이다. 자신은 매일 시간을 쪼개 일평균 5만 명이 방문하는 월 1,000만 원 수익을 내는 블로그를 운영하고 있고 나름 주식 공부도 열심히 해서 수익률도 꽤 괜찮은데, 굳이 실체도 없고 변동성도 큰 코인에 투자하는 게 이해가 안 됐을 것이다. B가 코인으로 돈을 번 것은 운이 좋았기 때문이고, 하락장이 오면 결국 다 잃을 거라고 생각한다.

B도 답답했을 거다. 400만 원으로 시작한 코인이 10억을 넘겼고, 지금도 5억 이상은 있기 때문이다(실제로 B는 코인이 정점일 때 코인을 팔아서 서울 동대문구에 있는 준신축 아파트를 매수했다). 이 좋은 걸 왜 안 하나 싶을 거다. B는 코인은 금과 같은 투자 자산이기 때문에 화폐가치가 하락하고 기술이 발전하는 만큼 코인 시장은 계속 커질 거라고 믿고 있다. 지금은 장이 안 좋을 뿐이지 1억을 넘어 2억 이상도 갈 수 있다고 장담했다.

개인적으로는 안전한 투자를 좋아하기 때문에 공부 없이 주식과 코

186

인에 투자하는 것은 위험하다고 생각한다. 그러다 문득 이런 생각이 들었다. 어차피 정답이 없는 문제인데, 누가 옳다고 싸우는 게 의미가 있을까? 결국 마지막에 결과로 증명하는 사람이 이기는 거 아닌가?

부동산이 최고네, 주식이 최고네, 코인이 최고네. 아무리 싸워봐야 돈 많이 번 사람이 나오면 다 깨갱이다. 결국 결과로 증명하는 것이다. 내가 투자를 위해 얼마나 열심히 공부하고 살았는지 설명할 필요도 없다. 결국 얼마를 벌었냐로 판단되기 때문이다. A와 B의 싸움도 몇 년 후에 누가 돈을 많이 벌었냐로 판가름이 날 것이다. 상황은 얼마든지 바뀔 수 있으니 현재 '내가 옳다'고 싸우는 것은 의미가 없다.

부동산스터디 카페에서도 늘 비슷한 일들이 일어난다. 폭등할 거다 vs 폭락할 거다, A지역이 좋다 vs B지역이 좋다, 재개발이 좋다 vs 갭투자가 좋다 등 서로의 주장을 반박하며 자신의 논리로 상대방을 설득하거나 제압하려고 한다. 의미 없는 싸움이다. 결국 모든 것은 결과로 증명된다. 서로의 주장에 반박하기 위해 의미 없는 싸움을 하는 것보다는 본인이 옳았다는 것을 증명하기 위해 결과물을 만들어내는 것이 훨씬 중요하다.

〈더 보스(THE BOSS)〉(안규호, 떠오름, 2021)라는 책에서도 비슷한 내용이 나온다. 자신이 열심히 했고 성과를 냈다면 티내지 않아도 주변에서 인정해 주지만 백날 열심히 살고 있다고 노래를 불러도 결과로 증명하지 못하면 열심히 하지 않은 것이라고 했다.

사람들은 자신이 참 열심히 살고 있다고 생각한다. 하지만 저마다 노력한 시간은 다르다. 도서관에서 10시간을 보냈다고 해도 온전히 공부에 집중한 사람이 있는 반면, 책상 정리하는 데 20분, 커피 마시는 데 10분, 화장실에서 20분, 밥 먹고 낮잠 자는 데 1시간, 이렇게 시간을 보내는 사람도 있다. 두 사람 모두 이렇게 말할 것이다. "오늘 진짜 열심히 공부했다."

이렇듯 노력의 정도는 사람마다 다르기 때문에 내가 하는 노력이 남들 눈에는 노력처럼 보이지 않을 수도 있다. 결국 노력 여부는 결과로 나타난다. 임장을 하루 10만 보씩 했다고 해서, 부동산 관련 책을 100권 넘게 읽었다고 해서, 매일 부동산스터디 카페에 올라오는 글을 읽었다고 해서, 남들에게 자랑하거나 인정받으려 할 필요가 없다. 결국 얼마를 벌었는지 증명해 내면 되기 때문이다.

그렇다고 결과만이 중요하고 과정이 중요하지 않다는 것은 절대 아니다. 결과로 과정을 입증해야 한다. 내가 얼마나 열심히 공부했는지를 강조할 것이 아니라 열심히 공부한 과정을 명문대 입학으로 증명해 내면 된다. 내가 얼마나 열심히 투자 공부를 했는지 강조할 것이 아니라 얼마를 벌었는지 증명해 내면 된다. 그럼 누구든지 인정할 수밖에 없다. 그 과정을 구구절절 설명하지 않아도 말이다.

유튜버 김작가도 비슷한 말을 했다. "제가 유튜브를 열심히 하고 있다고 구구절절 설명하지 않아도, 하루 1개 이상의 동영상을 꾸준히 올리고 있습니다. 3년 동안 1,000개 이상의 영상을 올렸습니다, 라고 말하면 사람들이 다 인정해 주더라고요." 그래서 나도 친구들에게 얼마나 열심히 살고 있고, 부동산 투자를 많이 하고 있고, 너도 해야 한다고 말하지 않는다. 또 친구가 주식을 하든 코인을 하든 상관하지 않는다. 그들이 얼마나 열심히 공부해서 투자하는지에 대해서도 의심하거나 따지지 않는다. 결국 나중에 결과로 증명될 테니까. 의미 없는 싸움에 집중하고 힘을 빼기보다, 내 결과물을 잘 만드는 데 집중하는 사람이 되자.

평생
부자가 못 되는

사람들의

특징

〈더 보스(THE BOSS)〉라는 책을 읽고 안규호 저자를 알게 되었고 지금은 저자의 유튜브도 구독하고 있다. 책을 읽지 않았거나 저자를 모르는 분들을 위해 잠깐 저자 소개를 하겠다. 저자는 현재 사업가(경영 컨설팅을 하고 계신 것 같다)이자 유튜버. 한때는 사업 실패로 수억의 빚을 지고 노숙자 생활도 했지만 멋지게 이겨내어 지금은 부의 상징인 잠실 시그니엘에 거주하고 있다. 중간에 한 번의 성공을 거두었지만 당시에는 돈을 담는 그릇이 크지 못해 술과 유흥으로 모든 돈을 탕진했다고 한다. 아마 돈을 벌어보고 실패도 해봤기에 사람들에게 공감을 주는 좋은 글을 쓸 수 있었을 것이다(책의 진정성에 대한 평가는 각자의 몫이다). 다음은 책에서 본 가장 기억에 남는 문장이다.

"지나간 시간이 나에게 복수를 한다면, 앞으로의 시간은 나에게 보답하게 만들자."

참 멋진 생각이다. 사실 우리는 알고 있다. 현재의 나는 과거의 시간들이 만들었고, 미래의 나는 현재의 시간들이 만들어낸다는 사실을. 이런 현실을 부정하고 사는 사람들이 너무나 많다. 미래의 자신을 상상하기에 현실이 고통스럽기 때문이다. 하지만 현재의 시간을 잘 사용해야 미래가 바뀐다.

내가 느낀 '시간'은 이런 놈이다. 정말 확실하게 복수하고, 화끈하게 보상해 준다. 주변을 둘러보면 더 확실히 와 닿는다. 예전부터 시간을 정말 알차게 썼던 친구들은 대부분 성공해서 행복하게 살고 있지만, 불평불만을 터뜨리고 사회 탓만 하던 친구들은 예전 모습 그대로다. 시간이란 놈은 참 솔직해서 과거에 진짜 노력을 했다면 그에 걸맞게 보상하고, 가짜 노력을 했다면 반드시 복수를 한다. 만약 그 누구에게도 부끄럽지 않게 노력하고 있는데도 아무런 변화가 없다면, 보상을 받기 직전 단계일 수 있다. 물은 99도에서 끓지 않으니까. 노력이 보상이 되는 임계점까지 2~3도 정도 남았을 수 있다.

그러니 누군가가 진짜 노력했는데 성과가 없다고 푸념한다면, 끓는점에 도달할 때까지 조금만 더 견뎌야 한다고 말해주자. 눈에 보이지 않는다고 포기하면 안 된다. 만약 현재의 삶이 힘들고 과거에 비해 나아진 것이 없다면, 과거의 시간을 정말 잘 쓴 게 맞을까 복기해 봐야 한다. 과거의 나와 현재의 내가 똑같은 시간을 보내고 있다면, 미래의 나도 틀림없이 똑같은 시간을 보내게 될 것이기 때문이다. 아인슈타인은 이런 명언을 남겼다.

"어제와 똑같이 살면서 다른 미래를 기대하는 것은 정신병 초기 증세다."

이 말을 정말 했는지에 대해서는 말이 많지만, 어쨌든 인생의 진리가 담긴 말이다.

일이 잘 안 풀린다는 사람들에게 "당신이 허투루 보내고 있는 이 소중한 시간을 조금 더 발전적인 방향으로 바꿀 수는 없을까를 항상 고민했으면 좋겠다."고 말해주고 싶다. 시간 활용에 관해서는 아무리 강조해도 지나침이 없다. 생각해 보면 참 신기하다. 누구나 똑같은 24시간을 쓰고 있는데, 부의 편차는 왜 이렇게 심한 걸까? 내가 가난한 집안에서 태어났기 때문에 그런 걸까? 아니면 내가 남들보다 노력하지 않아서일까?

이 책을 읽는 독자들의 유형은 다양할 것이다. 그냥 노력이 아니라 노오오오력을 하게 만든 이 나라와 시대를 탓하는 사람들도 있고, 노력의 무게를 견디며 힘겹게 나아가고 있는 사람들도 있을 것이다. 부동산 가격은 폭등하는데 나는 집이 없고, 누구는 코인으로 수억을 벌었다고 하고, 누구는 유튜브로 수천만 원을 번다고 하네, 이렇게 푸념하며 노오오오력을 해도 안 되는 자신을 혐오하는 사람들도 있을 것이다. 그래서 아예 욜로(YOLO)로 살거나 다른 사람들을 따라잡기 위해 코인이나 선물 투자까지 손대는 거겠지. 하지만 이들이 부자가 되거나 성공할 확률은 로또에 당첨될 확률과 비슷하다.

사람들은 자신이 노력을 많이 하는데 일이 안 풀린다고 말한다. 세상이 날 도와주지 않는다, 운이 없다, 코로나 때문에 안 됐다 등. 하지만 가슴에 손을 얹고 생각해 보자. 장사가 안 될 때 휴대전화만 보고 있었던 건 아닌지, 책을 읽고 실천할 생각을 한 게 아니라 그냥 글자만 읽진 않았는지 말이다.

▶ **노력에는 핑계가 없다. 만약 진짜 노력했는데도 성과가 없다면,**

물이 끓어오를 때까지 계속 가면 된다.

▶ 하지만 노력에 확신이 없다면 다시 점검해 봐야 한다. 만약 내가 한 노력이 진짜라면 그 시간들은 반드시 달콤한 보상으로 돌아올 것이다.

▶ 그 보상은 자연스럽게 드러나서 다른 사람들에게 결과로 증명될 것이다. 시간이 복수를 할지 보상을 할지는 자신에게 달려있다.

▶ 당신은 현재의 시간에게 보상을 받고 싶은가? 아니면 현재의 시간에게 복수를 당하고 싶은가? 마음에 작은 동요가 일었다면 책을 덮고 '시간'과 '노력'에 대해 다시 한번 생각해 보면 어떨까.

시간이란 놈은 참 솔직해서
과거에 진짜 노력을 했다면
그에 걸맞게 보상하고,
가짜 노력을 했다면
반드시 복수를 한다.

슬럼프가
왔을 때

꼭
봐야

하는
글

내 인생에서 2021년은 잊을 수 없는 한 해였다. 둘째 아이가 태어나 두 아이의 아빠가 되었고, 내가 쓴 첫 책이 베스트셀러가 되었고, 강사도 되었고, 신사임당과 김작가의 유튜브 채널에도 출연하여 많은 분들의 응원도 받았다. 본업인 직장인을 포함해 투자자, 강사, 작가의 부캐를 모두 놓치지 않으려다 보니 중간 중간 슬럼프가 오기도 했다. 누구에게나 슬럼프는 찾아올 것이다. 어떻게 하면 슬럼프를 현명하게 극복할 수 있을까.

슬럼프를 자주 겪거나 목표를 이루지 못하고 실패하는 사람이라면 원인부터 찾아야 한다. 이들의 특징 중 하나는 '내일부터 해야지!' 혹은 '다음 달부터 해야지!'라고 미루는 것이다. 슬럼프는 미루는 습관에서 시작되는 경우가 많다. 무엇인가를 시작할 때는 '지금 바로' 해야 한다. 언제부터 해야지 같은 마음으로 시작하면 얼마 못 가 포기할 확률이 높다. 자신과 타협하고 시작하기 때문이다. 예를 들어 다이어트를 결심한 사람이라면 시작한 지 얼마 안 되어 두 자아가 이런 대화를 할 것이다.

악마 오늘은 힘든데, 하루만 쉴까?

천사 아니야! 시작한 지 얼마나 됐다고! 한 번 쉬면 계속 쉬고 싶어. 참고 나가야 돼.

악마 어제 너무 무리했더니 허벅지가 터질 거 같아. 원래 운동은 주 3

회만 하라고 했어. 오늘 하루는 쉬어도 괜찮아.

천사 그러지 말고 나가자. 막상 나가보면 괜찮을 거야. 너 오늘 운동 안 가고 또 먹으면 다시 원래대로 돌아갈 텐데, 그동안 한 게 아깝지 않아?

악마 아니야. 나에 대한 보상도 해줘야지. 어떻게 채찍만 때릴 수 있겠어? 오늘은 쉴 거야.

이런 대화에선 항상 악마가 이긴다. 악마의 속삭임은 달콤하니까. '오늘만'이라던 하루는 이틀이 되고 사흘이 되어 결국 헬스장 사장님에게 미소만 선물하게 된다. 끈기가 부족해서 항상 포기하는 사람이라면 자신과 타협하지 않는 것이 가장 중요하다. 내일부터 하고 싶어도 지금 당장 시작하고, 힘들다고 쉬고 싶다고 내면에서 외쳐도 지금 바로 운동복을 입고 밖으로 나가는 것이 중요하다는 것을 꼭 기억하자.

슬럼프에 빠진 사람들의 또 다른 특징은 무기력하다는 것이다. 만사가 귀찮고 아무것도 하기 싫다. 그냥 될 대로 되라는 심정이다. 생각한 대로 사는 것이 아니라, 사는 대로 생각하게 되는 것이다. 내가 가장 경계하는 모습이다. 하루하루 나아지는 게 없으며, 매일 쳇바퀴 돌듯이 똑같은 일상을 사는 것. 물론 명확한 목표와 방향성을 설정하고 그것을 이루기 위해 돌아야 하는 매일의 쳇바퀴는 오히려 좋다. 하지만 미래에 달라질 내 모습을 기대하면서 똑같은 오늘을 사는 것은 정신병 초기 증세다.

그렇다면 어떻게 해야 사는 대로 생각하지 않고 생각한 대로 살 수 있을까? 가장 좋은 방법이 매일 일기를 쓰거나 목표 달성표를 체크하는 것이다. 매일 자신의 상태를 체크한다면 슬럼프에 빠지더라도 극복하는 속도가 빨라지고, 하루하루를 발전적으로 살고 있는지 스스로 돌아볼 수 있는 시간을 가질 수 있기 때문에 큰 도움이 된다.

나는 매일 일기를 쓰고, 일주일마다 목표 달성표를 확인하며 올바른 방향으로 나아가고 있는지 체크한다. 슬럼프가 오면 일기장에는 힘들고 지친다는 내용으로 가득 차지만 그나마 부정적인 감정을 쏟아냈기에 마음이 진정된다. 이때 솔직한 내 감정에 귀를 기울이고 그 이야기를 가감 없이 적어야 한다. 나중에 기분이 괜찮아졌을 때 그 내용을 보면, 그 감정이 순간적이었는지 지속적인지를 파악할 수 있다. 대부분 순간적으로 힘들었던 감정이었다는 것을 알 수 있다. 순간의 스트레스 때문에 퇴직이나 육아휴직 등의 큰 결정을 했다면 후회했을 것 같다는 생각도 든다. 이렇게 일기를 쓰는 것만으로도 내 감정을 객관적으로 볼 수 있다.

이마저도 하기 힘든 상황이라면, 아주 작은 성취를 자주 이루는 것이 도움이 된다. 집안 청소, 가벼운 산책, 좋아하는 곳으로 멀리 떠나보는 것 등이다. 아주 가볍고 쉬운 것들부터 이뤄나간다면, 이것들이 더 큰 긍정적인 에너지를 일으키는 힘이 된다. 여기서 가장 중요한 것은 'Just do it' 정신이다. 이것저것 생각하지 말고, 일단 해보는 거다. 운동이나 여행, 책을 보는 것도 좋다. 생각만 하지 말고 일단 행동

2023년 시크릿브라더의 목표 달성표

책 100권 (年)	이동시간 공부	블로그 이웃글 (日)	현금 2억 확보 (10월까지)	아침뉴스 5개 (日)	시세 트래킹 (月)	블로그 1포스팅 (日)	정성스런 포스팅 + 진심어린 소통	정규반 2.2억
강의 10개 듣기 (年)	자기계발	목표 달성표 체크 (週)	임장 3회 (週)	투자	전국 흐름 파악 (週)	주택 투자 1건	파이프라인	특강 1.5억
Just do it	설거지 시간 유튜브	(감사)일기 100자 (日)	임장 정리 간단 명료하게	대차 대조표 작성 (月)	투자 상담 50건 [케이스 스터디] (年)	인스타 팔로워 1만 명	세 번째 책 준비	유튜브 구독자 3만 명
기부 월 10만 원	봉사활동 (분기 1회)	Low Risk Many attempts	자기계발	투자	파이프라인	어깨 재활 (日)	간단한 아침 + 건강식품 (日)	평일 3회 5km 주말 1회 10km (週)
쓰레기 함부로 버리지 않기	운	분리수거 잘하기	운	선한 영향력 주는 행복한 부자	건강	다이어트 70kg 체지방 0% (年)	건강	스트레칭 + 자세교정 (日)
신호 잘 지키기	강자에게 강하고 약자에게 약하다	하루 미소 10번	가족	Refresh	인간관계	마라톤 10km 3회 완주 (年)	에스컬레이터 x 계단 오르기 o (日)	물 1L (日)
"사랑해" (日)	아이들과 1시간 (日)	감사 표현하기 (日)	산책 / 생각 정리 (日)	명상 10분 (日)	치팅데이 (月)	겸손하기	감사하기	성실하기
무조건 져주기	가족	부모님 주 1회 연락	드라마 정주행	Refresh	가족 여행 6회 (年)	인사 잘하고 친절하기	인간관계	칭찬하기
한 번도 취하지 않기	가족 경조사 잘 챙기기	저녁 시간에 TV, 휴대전화 금지	패러 글라이딩	새로운 취미 찾기	아림과 데이트 (月 1회)	멘토 찾기	표정 관리	교만하지 않기

하는 것이 중요하다.

나는 이런 동기부여를 책에서 많이 얻는다. 슬럼프를 겪을 때마다 내용이 뻔한 자기계발서를 보는 이유는 그 속에서 현재 하고 있지 않은 행동들을 찾아내어 실천하기 위해서다. 책을 보고 그냥 덮는 것과 책에서 나온 한 가지라도 반드시 내 것으로 만들겠다고 생각하는 것은 천지 차이다. 강의도 마찬가지다. 나는 수강생들에게 절대 강의를 듣고 고개만 끄떡이지 말라고 한다. 실제로 해보고 자신의 것으로 만들어야 강의를 듣는 의미가 있지, 강의를 듣는 행위 자체가 실력을 키워주지 않기 때문이다. 그래서 꼭 과제를 내주고 피드백을 한다.

꼭 책이 아니어도 좋다. 유튜브에도 좋은 영상이 많다. 아니면 TV 프로그램에 나오는 사람들의 이야기를 듣는 것만으로도 동기부여가 될 수 있다. 나에게 자극을 주는 것은 주변에 수없이 많다. 아주 작은 것이어도 좋으니 지금 하지 않고 있는 어떤 것을 하나라도 실천해보자, 지금 당장. 그것이 슬럼프 극복의 시작점이 될 것이다.

사실 너무 뻔해서 쉬워 보이지만 결코 쉽지 않다. 그럴 때는 주변 환경을 바꿔보자. 여기서 말하는 환경이란 사람을 뜻한다. 사람들은 끼리끼리 모이고, 그들끼리 닮아간다. 내가 의욕이 없는 사람이라면, 내 주변사람들도 그럴 확률이 높다. 세상에는 의욕이 넘치고 정말 열심히 사는 사람들이 많다. 슬럼프에 빠졌을 때 이런 사람들이 옆에 있는 것만으로도 큰 도움이 된다. 저 사람처럼 열심히 살아야겠다는 생각이 들 수도 있고, 하기 싫어도 그 사람들의 생활 패턴을 따라갈 수도 있기 때문이다. 혼자라면 절대 못할 일도 여러 사람이 있으면 해내게 된다. 그게 사람이다.

강의에서 만난 수강생들끼리 소통하는 것도 좋고, 밝은 에너지를 줄 수 있는 동호회에 가입하는 것도 좋다. 중요한 것은 주변 환경을 바꿔야만 나 자신이 바뀐다는 것이다. 그러니 슬럼프에 빠져 무기력하다면 긍정의 에너지가 넘치는 사람들로 주변을 채워보자. 분명 동화되어 긍정적인 에너지를 내뿜는 사람이 될 수 있을 것이다. 계속 강조하지만 중요한 것은 실천이다. 단 한 가지라도 행동으로 옮기는 것이 중요하다. 그래서 가장 위험한 곳은 이불 밖이 아니라 이불 안이다.

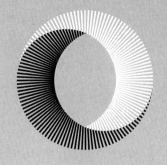

무엇인가를 시작할 때는
'지금 바로' 해야 한다.
언제부터 해야지 같은 마음으로 시작하면
얼마 못 가 포기할 확률이 높다.

과거로
돌아가기

VS

지금 당장
1억 받기

밸런스 게임이 유행한 적이 있었다. 다음은 밸런스 게임에 자주 나왔던 질문이다.

'과거로 돌아가겠습니까? 아니면 지금 당장 1억을 받겠습니까?'

TV 프로그램에서도 시민들을 대상으로 비슷한 질문을 했었다. 거의 반반의 확률로 과거로 돌아가겠다는 사람과 지금 당장 1억을 받겠다는 사람으로 나뉘었던 것 같다. 물론 금액에 따라서 이 질문에 대한 답안지가 달라질 수 있겠지만, 대부분의 사람들은 후자를 선택하는 게 이득일 확률이 높다. 왜 그럴까? 대부분의 사람들은 현재의 모습 그대로 과거로 돌아간다면 1억을 쉽게 벌 수 있다고 생각하는 듯하다. 실제로 밸런스 게임에 대한 반응을 보면, 과거로 돌아간다면 공부를 열심히 하겠다, 어디에 투자를 하겠다 등의 이야기가 많았다.

이 질문의 핵심은 '과거로 돌아간다면 요행이 아닌 노력으로 다른 삶을 살 수 있을까요?'라고 생각한다. 2022년 3월 25일로 돌아가 로또 번호로 9, 11, 30, 31, 41, 44 숫자를 찍겠다, 2014년으로 돌아가서 서울 부동산을 사겠다, 2019년으로 돌아가 코인을 사겠다, 2020년으로 돌아가 주식을 하겠다 등. 이런 대답이 아닌 '과거로 돌아간다면 그때의 자신과 달라질 수 있을까?'에 대한 답을 고민해야 한다(정해진 미래를 알고 나만 과거로 돌아간다는 질문이라면 저런 대답을 하는 게 당연하다. 그렇다면 질문의 의미가 없다. 누구나 과거를 선택할 테니 말이다). 나라면 이렇게 질문하겠다.

 '과거로 돌아가 어떻게 사느냐에 따라 현재와 미래의 모습이 바뀐다면, 다시 과거로 돌아갈래요?'

 이 질문에 많은 사람들이 '그렇다'고 대답했고, 대부분이 학창 시절로 돌아가서 공부를 열심히 하겠다고 말했다. 정말 그럴까? 냉정하게 말해서 그들이 다시 과거로 돌아가더라도 공부를 열심히 해서 좋은 대학에 갈 확률은 낮다. 무엇인가 열심히 해본 경험이 없는 사람은 과거로 돌아가더라도 금세 포기하고 본래 모습으로 돌아갈 확률이 높기 때문이다. 만약 과거로 돌아가서 열심히 공부해서 미래를 바꿀 수 있다고 생각한다면, 과거가 아닌 지금 당장 그 공부를 하면 된다. 그런데 사람들은 지금 당장 할 생각은 하지 않고 늦었다고만 생각한다.
 당신이 '취준생'이라고 가정해 보자. 내세울 학벌이 안 된다면 당신이 해야 할 일은 '과거로 돌아가면 열심히 공부해서 더 좋은 대학에 갔을 텐데'라고 생각하는 것이 아니라, 부족한 학벌을 보완하기 위해 다른 공부를 하는 것이다. 자격증을 따도 되고 어학 공부를 해도 된다. 그런데 사람들은 이런 노력을 하는 것보다 과거로 돌아가고 싶다는 생각만 한다. 이들은 과거로 돌아가더라도 똑같이 공부를 안 할 확률이 높다.

당신이 40대라고 가정해 보자. 당신은 현재 월급과 자산이 불만족스럽다. 당신은 아마 '과거로 돌아간다면 더 열심히 공부해서 좋은 대학에 가고, 더 좋은 직장에 취직해서 연봉도 많이 받고, 돈을 열심히 모아서 내 집 마련을 할 거야'라고 생각할 것이다(혹자는 결혼을 잘했어야 했는데 라고 후회할지도). 이런 사람들은 과거로 돌아가도 비슷한 인생을 살 확률이 높다. 당장의 노력으로도 연봉과 자산을 늘릴 수 있는 방법은 수없이 많은데 '과거로 갈 수 있다면'이라는 허황된 생각이나 할 뿐 행동하지 않기 때문이다.

'인간의 욕심은 끝이 없고, 같은 실수를 반복한다'라는 유명한 말이 있다. '과거로 돌아갈 수만 있다면 더 나은 인생을 살 수 있을 텐데'라고 생각한다면, 이렇게 생각할 시간에 당장 인생을 바꿀 수 있는 한 가지 행동이라도 하는 게 훨씬 현실적이고 도움이 될 것이다. 지금 당장 행동하지 않으면서 과거로 돌아가면 할 수 있다고 생각하는 자체가 모순이다.

성공한 사람들은 과거로 돌아가고 싶어 하지 않는다. 과거에 노력했던 시간이 얼마나 고통스러웠는지를 몸이 기억하기 때문이다. 그들은 고통의 시간들이 누적되어 현재의 자신이 되었다는 것을 너무나도 잘 알고 있다. 그래서 지금의 생각과 마인드 그대로 과거로 돌아갈 거냐는 질문에도 돌아가지 않겠다고 말한다. 정말 열심히 살았기에, 과거로 돌아가더라도 더 열심히 살 자신도, 그 힘듦을 다시 견딜 자신도 없기 때문에 그럴 것이다.

▶ 사람들은 그들의 현재 모습만 본다. 그들이 얼마나 노력했고 열심히 살았는지를 보는 게 아니라, 성공한 현재의 모습만을 본다.

▶ 그들이 노력해온 시간을 무시한 채 현재 모습만 비교해선 인생은 절대 바뀌지 않는다. 그들이 과거에 노력한 것보다 몇 배의 노력을 해도 뒤처진 시간을 극복할 수 있을까 말까 하기 때문이다.

▶ 학창시절에 공부를 못했다면, 명문대에 들어간 친구를 따라잡기 위해선 그 친구보다 몇 배의 노력을 해야 겨우 그 친구를 따라잡을 수 있다. 이게 그들이 노력한 시간에 그만큼 노력하지 못한 대가이고, 시간의 보복이다.

▶ 시간은 철저하게 과거의 노력을 보상해 주고 과거의 나태함과 안일함에게 복수한다. 이것을 깨닫지 못하면 과거로 돌아가더라도 똑같은 실수를 반복할 확률이 매우 높다.

혹시 과거로 돌아가고 싶은가? 과거로 돌아가면 지금보다 잘 살수 있을 거라고 생각하나? 이런 생각 대신 지금 당장 내 인생을 위해 내가 할 수 있는 일이 무엇인가, 무엇을 바꿀 수 있는가를 먼저 고민해 보길 바란다. 과거로 돌아가고 싶다는 바람은 현실이 되지 못하지만, 지금 당장의 행동은 당신의 인생을 바꿀 수 있다.

지금 당장 행동하지 않으면서
과거로 돌아가면 할 수 있다고
생각하는 자체가 모순이다.

소수의
사람만

부자가

되는 이유

오랜만에 대학교 동창을 만났다. 친구는 스스로가 운이 좋다고 생각한다. 상업고등학교를 나왔지만 나름 방향을 잘 잡아서 친구들이 취업을 선택할 때 대학 문을 두드렸다. 요즘 이 친구의 고민은 바로 '돈'이다. 은행에서 VIP 관리 업무를 하고 있는데, 부자들을 보면 상대적 박탈감이 느껴진단다. 그들은 하는 일도 없이 놀기만 하는 것 같은데 돈이 많다. 그 꼴을 보니 배알이 꼴리고, 자신은 죽어라 일해도 서울에서 집 한 채 사기 힘든 상황이라는 것이 너무 짜증난단다. 자신의 운을 이미 다 당겨 써서 앞으로는 기적이 일어나지 않을 것 같다며 신세 한탄만 하고 있는 친구에게 들려주고 싶은 이야기를 해보려 한다.

안녕. 네가 이 글을 볼지 모르겠지만, 이 글이 꼭 네게 도움이 되었으면 좋겠다.

먼저 네게 하지 못했던 내 이야기부터 해볼게. 내 인생에서 2021년은 정말 잊을 수 없는 한 해였어. 내 생애 첫 번째 책인 〈나는 1,000만 원으로 아파트 산다〉도 출간했고, 유명 유튜브 채널에도 출연했고, 강의도 하면서 '시크릿브라더'라는 부캐가 내 삶의 큰 부분을 차지하게 되었지. 부캐의 수입이 본캐의 수입을 넘어서기도 했어. 예전에는 상상할 수도 없었던 일들이 현실이 되니 마냥 신기하고, 꿈꿔 왔던 삶을 사는 하루하루가 감사하고 행복해. 물론 이런 결과가 만들어지기까지의 과정은 결코 쉽지 않았어.

나는 직장인이라서 평일에는 아침 일찍 일어나 책을 쓰고 퇴근 후에는 강의 준비를 해. 주말에도 하루 8시간 이상을 부캐 활동에 집중하느라 가족들과의 시간을 뒤로 미루기도 했지. 너도 직장인이니까 이게 얼마나 힘든지 공감할 거야. 이런 시간들이 쌓여 나온 결과물에 대해 많은 분들이 칭찬하고 부러워하지만 내가 보낸 인고의 시간을 인정하고 이해하려는 사람은 많지 않았어. 사람들은 성공한 사람이 방송에 나오면, '그 사람이 얼마나 노력했을까?', '어떤 노력을 했을까?'에 집중하기보다는 그 사람이 이룬 성과에만 집중하지. 중요한 건 그 사람의 성과를 만든 노력의 시간인데 말이야.

나 또한 책을 쓰기 전에는 한 권의 책이 나오기까지 얼마나 많은 노력이 들어가는지 알지 못했어. 내용이 마음에 안 들면 저자를 깎아내리고 돈이 아깝다며 불평불만만 늘어놓았지. 막상 책을 써보니 이것이 얼마나 힘든 과정인지, 작가를 포함해 출판사 직원들까지 얼마나 많은 노력을 해야 하는지를 알게 되었어. 그래서 두 번째 책 출간 제안을 받았을 때는 선뜻 결정하지 못했지. 분명 더 많은 이야기를 하고 싶은 욕구는 있었지만 책이 나오기까지의 과정을 다시 겪을 자신이 없었기 때문이야.

그럼에도 불구하고 내가 두 번째 책을 쓰기로 한 이유는 내 책과 강의가 인생의 전환점이 되었다는 독자들과 수강생들 때문이야. 지극히 평범한 내가 누군가의 인생에 큰 영향을 미칠 수 있다는 사실에 큰 책임감을 느꼈거든. 무엇보다 내가 이렇게 열심히 사는 게 내 인생을 더 윤택하게 해줄 거라는 확고한 믿음이 생겼어. 물론 그전에도 열심히 살지 않은 것은 아니지만, 확실한 방향을 향해 묵묵히 걸어가다 보니 내 인생의 목표와 가까워지고 있다는 강한 확신이 생겼거든.

내 인생 목표는 '선한 영향력을 주는 건강하고 행복한 부자'야. 만약 내가 누군가에게 선한 영향력을 줄 수 있고 누군가 나로 인해 인생이 바뀔 수 있다면, 나는 그 길이 아무리 험난하고 힘들더라도 그 길을 가볼 필요가 있다고 생각해. 그런데 그 길이 내가 행복한 부자가 되는 길이라면? 마다할 이유가 없는 거지. 그래서 힘들고 고되지만 나는 또 글을 쓰고 강의를 해. 그리고 투자를 위해 임장을 가. 이런 행동들이 내 목표를 이루는 데 꼭 필요하기 때문이야.

하지만 힘들고 지치기도 해. 특히 요즘은 너무 달렸기에 좀 쉬고 싶다는 생각을 많이 해. 이런 생각이 들 때마다 수강생들과의 카톡 대화를 보면 에너지가 충전돼서 다시 힘을 내야겠다고 생각해. 이만하면 됐어, 그만해, 내면의 악마가 끊임없이 속삭이지만 나로 인해 좋은 영향을 받았다는 진심 어린 카톡 메시지나 수백 개의 강의 후기들이 나를 다시 일으켜. 그들의 진심이 내게 전해지거든.

내가 누군가의 인생에 터닝 포인트를 제공해 줄 수 있는 사람이 되었다는 것. 그리고 내가 가진 생각과 마인드로 앞으로 더 많은 사람의 인생에 터닝 포인트를 줄 수도 있다는 생각이 나를 다시 일으키는 원동력이 되는 것 같아. 만약 내 목표가 단순히 'ㅇㅇ억 부자'였다면 불가능했을 거야. 하지만 나는 계속해서 누군가에게 선한 영향력을 주고 싶고 나로 인해 누군가가 행복해지고 나 또한 행복한 부자가 되고 싶기 때문에, 무너지지 않고 끝까지 목표를 향해 뚜벅뚜벅 걸어갈 거야.

물론 ○○억 부자도 구체적인 목표지만 돈을 '왜' 벌고 싶은지, 돈을 벌어 '무엇을' 할 것인지, 이 돈을 '어떻게' 벌 것인지도 고민한다면 목표에 도달하는 기간이 단축되고, 지속하는 힘도 강해질 거야. 그 목표를 이루어야 하는 구체적인 이유와 목적이 있으니까 말이야. 그런데 너는 부자가 되고 싶다는 열망만 있고, 구체적인 목표나 계획이 없는 것 같아.

많은 사람들이 마음먹는 것은 잘하지만 지속하지 못하는 이유는 '구체적인 목표가 없기 때문'이야. 빨리 부자는 되고 싶은데 생각처럼 돈이 빨리 모이지 않고. 조급하지만 공부하기는 싫고. 노력은 하는 것 같은데 큰 변화는 없으니 조금 해보다가 안 되면 포기하는 거지. 내가 되고 싶은 꿈과 목표가 명확하지 않으니 조금만 힘들어도 포기하고 싶고, 무언가를 하긴 하는데 계속 제자리걸음을 하는 것 같은 거지. 실제로는 조금씩 앞으로 나아가고 있는데도 말이야.

너는 책을 읽고 강의를 들어도 절대 부자가 될 수 없다고 말했지? 부자들은 부모를 잘 만났거나 운이 정말 좋아야 한다면서 말이야. 정말 그럴까? 돌이켜보면 2020~2021년은 주식과 부동산, 그리고 코인까지 정말 투자하기 좋은 시장이었어. 평소에 재테크에 관심이 없던 사람들조차 부동산과 주식 이야기를 할 정도였으니까. 이들 중에서 진짜 부자가 된 사람, 그리고 부를 계속해서 지킬 수 있는 사람은 얼마나 될까? 아마 5%도 안 될 거야. 사람들은 5%의 사람들이 '무엇'으로 돈을 벌었는지, '얼마'를 벌었는지에만 집중할 테니까. 지금 네가 너의 고객들을 생각하는 것처럼 말이야.

정말 중요한 것은 이 사람들이 '어떤 노력'을 했는지, 그리고 노력을 '얼마나 지속했는지'야. 네가 계속해서 부자가 된 사람들을 금수저나 운이 억세게 좋은 놈이라고 단정 짓는다면 너의 인생은 앞으로도 바뀌지 않을 거야. 하지만 이 사람들이 부자가 된 이유가 2020~2021년 상승의 시간이 아니라, 2016~2019년 공부의 시간이라는 것을 이해한다면 너도 부자가 될 수 있어. 나는 네가 이걸 꼭 깨달았으면 좋겠어.

대부분의 사람들은 노력 없이 부자가 되려고 해. 단순히 책 몇 권 읽고, 강의를 들으면 부자가 될 거라고 생각하지. 하지만 세상은 그렇게 만만하지 않아. 정작 중요한 '노력의 시간'을 따라하려는 사람은 많지 않아. 정작 중요한 것은 부자가 되는 '방법'이 아니라 '노력의 시간'임에도 불구하고 말이야. 이 중요한 사실을 깨닫지 못하기 때문에 진짜 부자가 되는 사람은 5% 미만이지. 모두가 똑같은 강의를 듣고 좋은 책을 읽어도 결국 5%만 부자가 되는 것은, 그들만이 노력을 지속하기 때문이야. 강의를 하다 보면 답답한 경우가 참 많아. "왜 저는 선생님처럼 안 되는 걸까요?", "비교평가하는 게 너무 어려워요.", "강의 들으면 비교평가를 완벽히 할 수 있을까요?" 그들의 답답한 마음은 이해되지만, 너무 조급하다고 생각해.

책과 강의는 사람들을 부자로 만들어주는 도깨비 방망이가 아니야. 그것들은 부자로 가는 조금 더 빠르고 편한 길을 알려주는 것일 뿐, 결국 그곳까지 가는 것은 그 사람의 다리야. 그런데 사람들은 책을 읽거나 강의를 들으면 바로 '뿅' 하고 부자가 되는 줄 알아. 정작 그 강의 듣는 시간 외에 어떤 노력도 하지 않으면서 말이야. 중요한 것은 강의를 듣는 시간이 아니라 강의를 듣고 혼자 공부하는 시간, 그리고 현장에 나가서 보고 느끼는 것들인데, 이런 시간 없이 너무나 쉽게 돈을 벌려고 하지.

수강생들에게 이런 이야기를 하는 것도 참 미안하지만, 이들이 부자가 될 확률은 0에 가까워. 강의 끝나고 며칠 지나면 다시 이전 모습으로 돌아갈 테니까. 그냥 강의료만 날리는 거지. 아무리 좋은 강의를 들으면 뭐해? 그때뿐인걸. 강의의 질과 강사의 능력보다 중요한 것은 그 지식과 노하우를 자신의 것으로 만드는 '노력의 시간'이야.

지금 다시 공부의 시간이 왔어. 누군가는 지난 상승장을 놓쳤다며 공부의 끈까지 놓아버릴 것이고, 누군가는 다음 상승장에서 찐부자가 될 거라는 목표를 세우고 열심히 공부할 거야. 그리고 이 노력의 시간을 오롯이 견딘 사람만이 다음 상승장의 5% 안에 들어가겠지. 2020~2021년 상승장의 파티를 즐긴 사람이 2016~2019년에 열심히 공부한 사람의 것이었듯, 다음 상승장의 파티를 즐길 사람은 지금 이 시간을 남들보다 열심히 노력하고 공부한 사람일 테니까.

　나는 네가 5%에 드는 사람이 되면 좋겠다. 성공을 '운칠기삼'이라고 생각할 게 아니라, 너의 노력으로 그 운마저 통제할 수 있다고 믿었으면 좋겠다. 그리고 정말 열심히 공부했으면 좋겠어. 네가 한 노력의 시간이 너에게 큰 보상을 준다는 것을 느껴봤으면 좋겠어. 부자가 되는 첫걸음은 나도 부자가 될 수 있다는 '믿음'과 부자가 갈아 넣은 노력의 시간을 '인정'하는 것부터니까 말이야. 응원할게, 친구야.

가계부를

꼭
써야 할까?

나는 2019년에 빚 2,000만 원으로 투자를 시작했다. 결혼 준비를 할 때 4,000만 원의 신용대출을 받은 후 남은 2,000만 원으로 부동산에 투자했다. 결과적으로 그 빚이 지금의 나를 만들었지만, 상승장 때 무리한 대출을 받아서 투자하는 것에는 반대하는 편이다. 하락이 언제부터 시작될지 예측하는 것은 불가능하지만 모두가 취해있을 때가 가장 위험하다는 것은 알고 있기 때문이다. 대출을 받아 투자한다는 것은 반드시 가격이 오른다는 전제 조건이 있어야 한다. 만약 자산 가격이 하락한다면 가격이 떨어진다는 공포심과 이자가 계속 나간다는 압박감 때문에 버틸 수 없다. 하락장이 왔을 때 무리한 대출을 통해 주택을 매수한 사람들에게는 다음의 두 가지 선택지밖에 없다.

손실 매도 vs 하우스푸어

우선 손실 매도의 경우를 보자. 장기적으로 봤을 때는 집값이 우상향하는 게 맞으므로 버틸 수 있으면 버티는 것이 좋다. 현재 금리가 많이 올랐고 앞으로 더 오를 여지도 있지만 버티는 게 낫다. 지금 시장을 떠나버리면 나중에 상승장이 다시 와도 시장으로 돌아오기 어렵기 때문이다. 하지만 아예 버틸 수 없을 정도로 무리하게 대출을 받은 사람들은 어쩔 수 없이 손실 매도를 해야 한다.

얼마 전 월 소득이 400만 원 정도인 부부가 월 1,000만 원 정도를 상환해야 한다는 사연을 들었다. 이런 경우는 도저히 버틸 수 없기 때문에 일단 손실 매도를 한 후 무엇을 잘못했는지 복기하고 훗날을 도모하기 위한 공부를 반드시 해야 한다. 과거의 잘못을 복기하고 제대로 공부하지 않으면 훗날 똑같은 실수를 반복할 확률이 높으니 자포자기하지 말고 실수를 곱씹으면서 투자 실력을 쌓는 데 집중하자.

두 번째는 하우스푸어가 되는 것이다. 하우스푸어라는 어감이 손실 매도보다 안 좋지만 버틸 수만 있다면 차라리 하우스푸어가 되는 것이 낫다. 하우스푸어가 된다는 것은 다음 상승장이 올 때까지 버티는 것이다. 그게 몇 년이 걸릴지 모르기 때문에 버티는 동안 고통스러울 수 있다. 특히 금리가 높은 시기에는 허리띠를 졸라 매야 하는데 그리기 위해선 지출을 줄여야 한다. 지출을 줄이기 위해선 반드시 가족들의 지출 습관을 들여다보고, 가계부를 써야 한다. 이런 경우가 아니라도 꼭 가계부 쓰기를 권한다. 가계부를 꼭 써야 할까? 가계부를 안 쓰면 부자가 못 되나? 이런 생각을 해본 사람이라면 이 글이 도움이 될 것이다. 우선 가계부의 장단점부터 알아보자.

가계부의 장점

❶ 어디로 돈이 새는지 알 수 있다

가계부를 안 쓰면 어디에 돈을 썼는지 정확히 알 수 없다. 특히 신용카드를 사용한다면 쓰고 싶은 대로 일단 카드부터 긁는다. 특별한 일이 없다면 매달 쓰는 금액은 거의 비슷하기 때문에 한 달에 얼마 정도를 쓴다는 감만 있을 뿐 정확히 어디에 얼마를 쓰고 있는지 모를 확률이 높다. '나는 별로 쓰는 게 없는 것 같은데 왜 이렇게 카드 값이 많이 나오지?', '월급은 잠시 통장을 스쳤다 로그아웃 해버리는 것' 이런 생각을 한 번이라도 해봤다면 가계부를 쓰고 있지 않을 확률이 높다. 내가 어디에 돈을 많이 쓰는지, 어떤 항목에서 돈을 줄여야 하는지 파악이 안 되기 때문에 돈을 모으기 어렵다.

가계부의 중요한 목적 중 하나가 쓸데없이 새는 돈 막기다. 가계부를 쓰면 어떤 항목에서 지출이 많은지 파악할 수 있다. 매일 아무 생각 없이 사먹는 커피 값이 10만 원, 밥 차리기 귀찮아서 배달시켜 먹는 비용이 30만 원이다. 건별로 보면 얼마 안 되지만 항목별로 정리해보면 어디에서 지출을 줄여야 하는지가 나온다. 여기서 가장 조심해야 할 것이 '내가 뼈 빠지게 일해서 돈 버는데 이 정도도 못 쓰냐?'라는 마인드다. 퇴근길에 4캔에 만 원짜리 맥주를 사고, 주말에 친구 모임에 나가서 5만 원을 썼다. 건별로 보면 큰 액수가 아니기 때문에 '내가 이 정도도 못 쓰냐? 내 월급이 얼만데'라는 생각이 들겠지만 이것들이 모여 큰 지출이 된다. 그래서 돈이 안 모이는 것이다.

작은 지출을 통제하지 못하면 돈을 모으지 못하고, 돈을 모으지 못하면 부자가 될 수 없다. 쓰고 싶은 만큼 펑펑 쓰면서 부자가 되고 싶다면 그만큼 많이 벌면 된다. 그런데 대부분의 사람들은 쥐꼬리만큼 벌면서 정승처럼 쓰려고 한다. 만약 당신이 지출을 신경 쓸 필요가 없을 만큼 큰돈을 버는 게 아니라면 반드시 가계부를 써야 한다. 엄청나게 돈을 잘 버는 게 아니라면 아낀 돈으로 투자나 사업을 해야 부자가 될 수 있기 때문이다.

❷ 과소비를 줄일 수 있다

큰 금액을 결제할 때 할부 기능을 활용한다. 할부는 마약과 같아서 한번 맛을 들이면 빠져나오기가 쉽지 않다. 내야 할 금액이 줄어드니 언뜻 보면 합리적인 것처럼 보이지만, 할부로 산 물건의 개수가 하나둘 늘어나면 매달 내야 하는 금액이 눈덩이처럼 불어난다. 할부 기능이 없었다면 결제하지 않았을 상품도 겁없이 턱턱 구매하는 것이다.

카드 결제내역을 보면 할부와 일시불이 나눠져 있는데 과소비를 하는 사람의 대부분은 할부결제 비율이 높다. 가계부를 쓰지 않으면 '왜 이렇게 카드값이 많이 나왔지?' 정도로 생각하고 넘어가지만 가계부를 쓰면 어떤 항목을 무리하게 샀는지가 보인다. 보통 3개월/6개월/12개월 할부를 많이 이용하는데, 가계부에는 매월 할부금액이 얼마씩 빠져나가는지 보이기 때문에 충동적인 할부 결제를 할 확률을 낮출 수 있다. 할부값만 없으면 월 지출이 얼마나 줄어드는지가 한눈에 보이기 때문이다. 이처럼 가계부만 써도 자연스럽게 과소비를 줄일 수 있다.

가계부의 단점

❶ 부부사이가 나빠질 수 있다

처음 가계부를 쓰기 시작했을 무렵 나는 아내에게 눈치를 많이 줬다. 아내는 과소비를 하진 않지만 자잘한 지출을 많이 했다. 편의점, 카페 등에서 사용한 작은 지출들이 모이니 큰 지출이 됐다. 나는 이 비용을 줄여야 부자가 될 수 있다고 설교했고, 아내는 아이가 먹고 싶어 하는데 그것도 못 사주냐고 서운해 했다. 이런 상황이 반복되자 결국 내가 우리집 가계부를 작성하기 시작했다.

가계부는 우리 가족이 행복한 부자가 되기 위해서 쓰는 것인데, 부자가 되기도 전에 우리 가족이 불행해질 수도 있다는 생각이 들었다. 물론 부부의 마음이 맞아서 가계부를 보며 서로 으쌰으쌰 할 수 있다면 좋겠지만, 많은 부부들이 사소한 걸로 다툴 수 있다. 이런 경우 부부가 합심해서 최대한 빨리 합의점을 찾아야 한다. 우리집의 경우 내 지출을 줄이는 데 집중했다. 내가 먼저 지출을 줄이니 아내도 지출을 줄이기 위해 신경을 썼다. 배달음식을 줄이고 습관적으로 사먹던 음료 값도 줄였다. 자연스럽게 저축액이 올라갔다. 처음에는 힘들겠지만 불어난 저축액을 함께 보면 노력한 보람을 느낄 수 있다. 그 단계까지만 가면 된다. 부부는 한 팀이기 때문에 서로의 잘잘못을 가리기보다 원팀의 정신으로 협동하려는 노력이 필요하다.

❷ 지출을 줄이는 데만 매몰될 수 있다

나는 나만 부자가 되는 데서 그치는 것이 아니라 후대까지 부자의 DNA를 물려주고 싶다. 내가 생각하는 부자란 단순히 돈을 많이 번 사람이 아니다. 진짜 부자는 큰돈을 벌 수 있는 능력과 그것을 유지하고 불려나갈 수 있는 사람이다. 진짜 부자는 공격과 수비를 동시에 잘한다. 돈도 잘 벌지만 함부로 쓰지 않는다. 버는 족족 유흥에 탕진한다거나 자신을 과시하기 위해 명품으로 치장하는 것은 부자로 보이고 싶은 사람들의 허세일 뿐, 진짜 부자들은 이렇게 행동하지 않는다.

진짜 부자는 검소하다. 돈의 힘을 알기 때문에 부자가 된 후에도 절대 과소비를 하지 않는다. 건물주들 중 얼마나 짠돌이 짠순이가 많은지는 장사를 해보면 금방 알 수 있다. 월세로 버는 돈만 매달 수천만 원인데 인건비로 나가는 돈이 아까워서 본인이 직접 건물 수리를 한다. 이렇게 돈을 아끼고 사랑하는데 돈을 버는 방법을 알거나 돈을 버는 수단까지 있으니 부자가 되는 것이다. 사람들은 공격이나 수비만 하려고 한다. 돈만 많이 벌거나 돈을 아끼기만 하면 부자가 될 수 있다고 착각하는 것이다.

가계부를 쓰면 수비를 잘하게 될 확률이 높아진다. 하지만 이것과 공격을 잘하는 것은 별개의 문제다. 아무리 수비를 잘해도 골을 못 넣으면 이길 수가 없다. 가계부를 쓰면서 지출을 줄이는 데만 매몰되면 부자가 될 수 없다. 부자가 되기 위해서는 지출을 줄이는 동시에 소득도 늘려야 한다. 이 개념을 먼저 이해하고 가계부를 쓴다면 훨씬 더 부자에 가까워질 수 있다.

가계부의 장단점을 잘 이해하고 제대로 활용하면 부자가 될 확률이 높아진다. 가계부를 쓰면 종잣돈을 모으는 속도가 확실히 빨라진다. 부자가 되는 첫 걸음은 결국 종잣돈을 모으는 데서부터 시작한다. 처음의 눈덩이를 얼마나 크게 시작하느냐에 따라 마지막 눈덩이의 크기가 달라진다. 우리 부모님은 왜 부자가 아닐까 신세 한탄할 필요도, 종잣돈이 부족하다고 좌절할 필요도 없다. 지금부터 종잣돈을 열심히 모아 투자나 사업을 시작하면 된다. 문제는 이 과정 없이 쉽게 돈을 벌려는 마음에서부터 온다. 그런 마음 때문에 무리한 대출을 받아 투자하려는 것이고 어려움을 겪는다.

모든 일에는 순서가 있다. 종잣돈을 모으는 과정은 힘들고 고통스럽지만 이 과정 없이 자수성가한 부자는 없다. 종잣돈을 잘 모으는 가장 확실한 방법이 가계부를 쓰는 것이다. 즉, 자수성가한 부자가 되고 싶다면 반드시 가계부를 써야 한다. 훗날 큰돈을 벌게 되어 가계부를 더 이상 쓰지 않을 정도가 되더라도, 가계부를 쓰던 때의 소비 습관은 쉽게 사라지지 않는다.

준비가 안 된 사람이 바로 공격을 잘할 확률은 적다. 하지만 수비는 다르다. 내가 마음만 먹으면 수비 실력은 금방 향상된다. 그 시작이 가계부다. 그러니 부자가 되고 싶은데 뭐부터 해야 할지 모르겠다면 가계부부터 쓰자. 잊지 말자. 진짜 부자들은 공격과 수비 둘 다 잘한다는 것을.

미라클모닝은

꼭

필요할까?

결론부터 말하겠다. 미라클모닝을 하면 성공한다는 명제는 틀렸다.

　나는 주 3회 이상 새벽 달리기를 한다. 둘째가 태어나기 전에는 퇴근 후 저녁밥을 먹기 전에 뛰었는데, 둘째가 태어나고부터는 아침에 일어나서 뛰는 것으로 루틴을 바꿨다. 나는 달리기 위해 5시에 일어난다. 이렇게 말하면 사람들은 나를 잠이 별로 없고, 부지런하고, 의지가 굉장히 강한 사람으로 본다. 하지만 나는 잠자는 것도 좋아하고, 게으르고, 무언가를 끈질기게 하지 못하는 사람이다. 이런 모습이 마음에 들지 않기 때문에 바꾸려고 노력할 뿐이다.

　지금도 5시에 일어나는 것은 너무나 고통스럽고 힘들지만 이때 일어나야 달리기를 할 수 있다. 아이들이 깨어있을 때 나가면 오롯이 아내가 애들을 봐야 한다. 내 몸 건강하자고 아내를 고생시키는 건 내 꿈의 방향성과 맞지 않다('선한 영향력을 주는 건강하고 행복한 부자'라는 인생 목표에서 '건강'은 얻을 수 있지만 '행복'과는 반대로 가는 길). 내가 새벽 달리기를 하는 이유는 내가 아침형 인간이라서, 미라클모닝이 좋아서가 아닌 선택지가 하나밖에 없었기 때문이다.

　독서와 명상도 마찬가지다. 새벽에 가장 집중이 잘되기 때문에 일찍 일어나는 것이다. 미라클모닝의 핵심은 몇 시에 일어나는가가 아니라 그 시간에 일어나서 무엇을 했는가이다. '아침에 일찍 일어난다=성공한다'는 명제가 성립한다면 이 세상 모든 노인들은 부자여야 한다. 5시에

밖에 나가면 이미 많은 노인들이 나와 있다. 그런데 그들 모두가 부자는 아니다. 결국 일찍 일어나는 행위 자체가 중요한 게 아니라 그 시간에 무엇을 하는지, 그 행동이 나에게 얼마나 도움이 되는지, 그것을 얼마나 오랫동안 지속할 수 있는지가 중요하다.

이런 관점에서 한 단계 더 나아가서 보면, '열심히 산다=성공한다' 공식도 틀렸다. 열심히 살면 굶어 죽지 않을 확률은 높아지지만, 열심히 산다고 해서 모두가 성공하는 것은 아니다. 만약 이 공식이 맞는다면 새벽부터 밤늦게까지 투잡과 쓰리잡을 뛰는 사람들이 돈을 제일 많이 벌어야 한다. 중요한 것은 내가 얼마나 열심히 하는가보다 '무엇'을 열심히 하느냐이다. 돈을 벌고 성공할 수 있는 운동장에서 노력하는 것과 그냥 열심히만 사는 것은 다르다. 결국 어떤 행동을 반복하느냐가 인생을 결정하는데, 사람들은 이미 어떤 행동을 반복해야 성공할 수 있는지 알고 있다. 만약 모른다면 성공한 사람이 쓴 책을 읽거나 강의를 들으면 된다. 그리고 그 사람이 한 행동들을 따라 하면 된다.

지금부터 나만의 실천 팁을 말하고자 한다. 뭘 해야 할지도 알고 어떻게 해야 하는지도 알겠는데 실천하기가 어렵다면 다음의 방법을 따라해 보자. 예시와 본인의 상황이 다르더라도 응용해서 적용할 수 있다.

목표 쪼개기

'5시에 일어나 3킬로미터 달리기'라는 목표를 세웠다고 해보자. 목표를 세우고 나서 한두 번은 의지로 해낼 수 있다. 중요한 것은 지속하는 것이다. 이때 꼭 해야 하는 것이 목표를 쪼개는 것이다.

❶ 일단 일어난다

이 단계가 가장 힘들다. 일어나기도 힘든데 일어나서 뛰어야 하니 더 하기가 싫다. 더 자고 싶다. 지금 뛴다고 해서 인생이 달라지지 않아, 악마의 속삭임이 들린다. 그래, 오늘은 그냥 자고 내일 일찍 일어나자. 알람을 끄고 다시 잠든다. 그리고 눈을 뜨면 후회한다. 이런 과정이 계속 반복될 것이다. 아침에 일어나기 힘든 이유는 일어나는 행위 자체도 힘들지만 뛰는 행위까지 해야 된다는 심리적 부담감이 크게 작용하기 때문이다. 일단 일어나기만 해보자. 5시에 일어나서 계속 깨어있는 게 힘들다면 10분만 일어났다가 다시 잠자리로 가자. 막상 눈뜨고 일어나는 것이 힘들지 일어나면 생각보다 잠은 금방 깬다. 일단 거기까지만 가면 된다. 익숙해질 때까지 반복하자. 그때까지는 뛰지 않아도 상관없다.

❷ 신발을 신는다

일어나는 것에 익숙해졌다면 밖으로 나가자. 여기서도 수많은 생각이 든다. 밖에 비가 오는데, 새벽이라 추울 텐데, 감기에 걸리면 어찌지 등. 이때도 딱 한 가지만 행동하자. 신발까지만 신자. 문 밖으로 나가지 않아도 된다. 일단 신발을 신었는데 못 하겠다면 다시 들어가서 자도 좋다. 여기까지는 해야 한다. 일단 일어나는 것, 신발을 신는 것. 의미 없는 행동처럼 보이지만 굉장히 큰일을 해낸 것이다.

❸ 트랙까지 나간다

신발을 신으면 밖으로 나갈 확률이 높아지지만 막상 뛰려고 마음먹으면 밖에 나가기 싫어진다. 그런 마음이 들어도 일단 운동 장소까지 가자. 뛰지 않아도 된다. 일단 그 장소까지 가는 게 목표다. 거기에 다녀오기만 해도 되고, 거기서 음악만 들어도 된다. 일단 거기까지 가는 것만 반복하자.

❹ 걷는다

뛰는 게 익숙하지 않은 사람이 바로 3킬로미터를 뛰는 것은 무리다. 하루만 뛰어도 다리에 알이 배기고 허벅지가 터질 듯하다. 뛰는 것이 힘들다면 처음에는 걷자. 산책 삼아 가볍게 걷거나 파워 워킹을 하자. 일단 지속할 수 있는 강도를 정해 꾸준히 해보자.

❺ 1분 뛰기

걷는 것이 익숙해졌다면 뛰면 된다. 처음부터 3킬로미터를 뛰는 것은 체력이나 정신에 부담이 될 수 있다. 그러니 1분 혹은 1킬로미터만 뛰어보자. 익숙해지면 뛰는 시간과 거리를 늘린다.

아침 5시에 일어나 3킬로미터 뛰기라는 큰 목표를 실행하기 위해 목표를 5단계로 쪼갰다. 사람들이 목표 달성에 실패하는 이유는 목표가 너무 높거나 의지가 약하기 때문이다. 그 조율점을 스스로 찾아나가면 된다. 그 시작은 목표 수준을 낮춰서 내가 반복 실행할 수 있게 만드는 것이다. 전혀 다른 분야의 목표를 달성하는 방법도 똑같다. 하나의 큰 목표를 작은 단계로 쪼개서 하나씩 정복하다 보면 어느새 그 목표를 달성한 자신을 발견할 수 있을 것이다.

실천의 허들 낮추기

목표를 쪼갰다고 해도 막상 실행하려고 하면 몸이 안 움직인다. 머리로는 알겠지만 몸이 따라주지 않는다. 나는 도대체 왜 이럴까 자책하지 말자. 모든 사람이 그렇다. 그래서 목표를 실천할 수 있는 팁을 하나 더 준비했다. 바로 실천의 허들 낮추기다. '5시에 일어나 3킬로미터 달리기'를 목표로 잡고, 첫 단계인 일단 일어나기를 수월하게 하는 방법에 대해 알아보자.

❶ 알람을 멀리 둔다
대부분이 알람을 머리맡에 두고 잔다. 그래서 알람이 울리면 바로 끄고 다시 잠든다. 일단 알람을 바로 끌 수 없는 위치에 두자. 화장실도 좋고 거실도 좋다. 아침 일찍 일어난다는 허들을 넘기 위해서는 몸을 일으키기 위한 허들을 낮춰야 한다. 처음에는 알람을 끄고 다시 침대로 와도 좋다. 이 행위를 반복하다 보면 어느 날은 누워도 잠이 안 오거나 의지가 넘치기도 한다. 이런 과정이 반복되면 습관이 된다.

❷ 양치질을 한다(힘들다면 가글이라도 한다)

알람을 껐다면 양치나 세수를 한다. 잠 깨는 단계를 2단계로 나누고 실행의 허들을 낮추는 것이다. 일어나서 바로 뛰러 나가거나 명상하거나 책을 읽으라고 하면 실행의 허들이 너무 높지만 일단 양치질까지는 할 만하다.

❸ 전날에 운동복을 미리 꺼내놓는다

옷장에서 옷을 꺼내고 양말을 찾는 것 자체가 이 행위를 지속하지 못하게 막는 허들이다. 허들을 낮추기 위해 입고 나갈 운동복을 전날에 미리 준비해 둔다. 양치 후 옷을 바로 입을 수 있도록 현관 앞에 준비해 놓으면 나가는 허들을 한 단계 더 낮출 수 있다.

❹ 보고 싶은 영상을 일시정지 해놓고 잔다

소풍날 엄마가 깨우지 않아도 눈이 저절로 떠졌던 경험이 있을 것이다. 다음 날 해야 할 것이 즐겁고 행복할수록 아침에 뇌가 활성화되는 속도가 빠르다. 정말 보고 싶은 드라마나 예능 프로그램이 있다면 아침시간에 양보하자. 아침에 일어나면 드라마를 본다, 이렇게 생각하면 일어나는 게 훨씬 수월해진다.

❺ 비가 오면 계단 오르기로 대체하자

막상 뛰려고 마음먹었더니 아침에 비가 온단다. 아쉬우면서도 웃음이 새어나온다. 보통은 예기치 못한 상황이 생기면 행위 자체를 포기해 버린다. 하지만 한두 번 쉬다보면 계속 쉬고 싶은 게 사람 마음이다. 그럴 때 할 수 있는 대체 행위가 있어야 한다. 비가 와서 뛰지 못한다면 계단 오르기를 하고, 책읽기가 힘들다면 오디오북으로 대체한다. 중요한 것은 그 행동을 중단하지 않고 지속하는 것이지, 그 행위 자체가 아니란 것을 명심하라.

이렇게 목표를 쪼개고 실천의 허들을 낮추라는 말을 들으면 이런 생각도 들 것이다.

'그거 한다고 인생이 바뀐다고? 그럼 계속 신발 끈만 묶으면? 그래도 인생이 바뀔까?'

사람은 적응의 동물이다. 어떤 행동이든 익숙해질 때까지만 하면 뇌가 적응한다. 우리가 새로운 행동을 시작한 후 그것을 지속하기 어려운 이유는 뇌의 거부반응 때문이다. 뇌는 익숙하지 않은 것에 직면했을 때 위험 신호를 보낸다. 하지만 새로운 행동을 습관으로 자리잡기만 하면 된다. 습관이 되면 오히려 그 행동을 하지 않을 때 뇌가 거부 반응을 일으켜 불안감이 생기고, 그 행동을 하게 되면 안도감과 성취감을 느낀다. 그래서 습관이 중요하고, 그 단계까지만 가면 되는 것이다.

무엇이든 본질을 보려고 노력해야 한다. 미라클모닝도 마찬가지다. 미라클모닝의 본질은 아침에 일어나서 '무엇'을 했느냐이지 아침에 일어나는 행위 자체가 아니다. 사람마다 집중도가 높은 시간과 그 행위를 지속할 수 있는 시간대는 다르므로 자신에게 맞는 시간대를 선택하면 된다. 무조건 일찍 일어나는 것이 좋은 게 절대 아니다. 중요한 건 본질이라는 것을 잊지 말자. 그것만 지속할 수 있으면 미라클 모닝이든 미라클이브닝이든 상관없이 미라클라이프를 만들 수 있다.

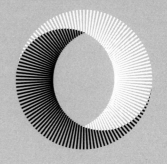

미라클모닝의 핵심은
몇 시에 일어나는가가 아니라
그 시간에 일어나서
무엇을 했는가이다.

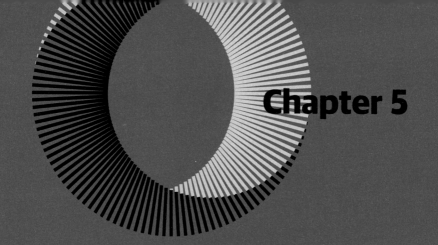

Chapter 5

인생의
진리는

너무나
쉽다

"중도에 포기하면 절대 승리하지 못한다.
끝까지 버티는 사람만이 승자가 된다.
역경, 실패, 고통에는
성공의 씨앗이 내포되어 있다."

-나폴레온 힐, 『생각하라 그리고 부자가 되어라』 중에서

땅만
보고 걷는

사람은

별을
볼 수 없다

친한 친구 3명이 있다. 나까지 합쳐서 '용봉포춘'이라는 별명으로 불렸다. 이들 중 '춘'은 내가 가장 미안해하는 친구다. 고등학교 1학년 때, 춘의 아버지가 지병으로 돌아가셨다. 우리는 누구보다 먼저 장례식장으로 달려가 일손을 돕고 친구의 슬픔도 위로했다. 어느 정도 한가해지자 우리는 답답하다며 PC방을 갔다. 참 철이 없었다. 이 이야기가 나올 때마다 춘은 괜찮다고 하지만 살면서 가장 후회하는 일 중의 하나다.

춘의 어머니는 충격으로 병이 나서 더 이상 일을 할 수 없게 됐다. 춘은 꽤 공부를 잘했는데 일과 학업을 병행하다 보니 성적이 떨어져 수도권에 있는 대학에 겨우 합격했다. 만만치 않은 대학 등록금을 감당하며 버텼지만 결국 휴학을 하고 일만 하다가 군대에 갔다. 제대 후에도 집안 형편이 어려웠기에 춘은 학교를 자퇴하고 유명 고깃집에 취직했다. 우리는 돈을 합쳐 춘의 등록금을 내주기로 했지만 춘은 거절했다. 학교에 다니면서 가족을 먹여 살릴 자신이 없다는 것이다. 우리는 지금은 힘들겠지만 나중에 취업하고 나서의 월급을 생각하면 무조건 대학 졸업장이 있어야 한다고 설득했지만 춘의 고집은 완강했다. 13년이 지난 지금 춘은 여러 일자리를 돌고 돌아 다시 그 고깃집으로 돌아갔고, 부점장의 위치에 있지만 월급은 여전히 300만 원 수준이다.

누구보다 춘을 잘 안다고 자부하기에 이 친구가 얼마나 많은 고민을 했을지 잘 알고 있고, 그의 선택을 존중한다. 나는 당사자가 아니기 때문에 그의 마음을 온전히 이해하지는 못한다. 하지만 나는 아직도 설득 중이다. 지금에 와서 다시 대학에 가는 것은 힘들겠지만, 지금이라도 투자 공부를 하고 개인 사업을 준비해야 한다고 말이다. 하지만 춘은 긴 시간 동안 겪어온 사회의 냉정함과 삶의 무게 앞에 비관론자가 되어버렸고, 이미 타성에 젖어 무언가를 시도할 힘이 남아있지 않은 상태다. 하지만 나는 계속해서 춘을 설득할 것이고 적극적으로 도와줄 생각이다.

춘이 절대 늦었다고는 생각하지 않는다. 오히려 사회의 쓴맛과 단맛을 어린 나이부터 경험했기 때문에 더 독하게 현실과 싸울 수 있을 것이라고 생각한다. 현재 춘이 어떤 직업을 가지고 있는지, 얼마를 벌고 있는지는 중요하지 않다. 중요한 것은 어떤 꿈과 목표를 가지고 있느냐 하는 것이다. 당장의 먹고 사는 문제에 사로잡혀 미래를 설계하지 않으면 평생 지금과 같은 삶을 살아야 한다.

하늘에 있는 별을 동경하면서 힘들다고 땅만 보고 걷는다면 별을 볼 수조차 없다. 아무리 힘들어도 고개를 들어 하늘을 봐야 별을 볼 수 있다. 누구보다 힘든 삶을 살아왔을 그이기에 누구보다 큰 꿈을 꾸고 그것을 꼭 이뤘으면 좋겠다. 할 수 없다고 포기하고 생각에서 지우는 순간, 그것은 더 이상 이룰 수 없는 것이 되어버린다. 하지만 언젠간 반드시 이루리란 생각으로 조금씩 노력한다면 그것은 어느덧 눈앞의 현실로 다가올 것이다. 힘내자, 친구야!

폼은 일시적이지만 클래스는 영원하다

춘처럼 지금 당장의 삶이 힘들어 하늘을 볼 여유조차 없는 사람들도 있지만 평범한 삶을 사는 사람들이 훨씬 많다. 대부분의 사람들은 구체적인 꿈과 목표 없이 하루하루를 버티듯 살아간다. 지금의 삶이 너무 좋고 앞으로도 계속 지금처럼 삶을 살고 싶다면 상관없지만, 사람들은 현재의 삶에 불만족하면서 달라질 내일을 꿈꾸지 않는다.

주어진 일만 하며 하루하루를 버텨내는 것과 원하는 삶을 꿈꾸며 매일 목표를 달성하는 삶은 당연히 차이가 날 수밖에 없다. 당장의 삶이 힘들더라도 명확한 꿈과 목표가 있어야 한다. 꿈과 목표가 없는 사람은 현재를 살지만, 꿈과 목표가 있는 사람은 미래를 산다. 현재의 삶이 아무리 힘들어도 나아질 미래가 있다면 이 악물고 버틸 수 있는 힘이 생긴다. 꿈과 희망에 관해 가장 기억에 남는 일화가 있다.

알프스 산맥에서 스페인 군인들이 겨울 훈련 중이었다. 그중 한 부대가 눈보라에 고립됐고 동굴로 피신했다. 절망 속에 있던 이들은 한 부대원이 짐 속에서 지도를 찾아내면서 희망을 갖기 시작했다. 지도를 보며 캠프로 돌아갈 궁리를 했고, 결국 한 스위스 마을에 도착한 뒤 그곳 주민의 안내로 무사히 귀환했다. 돌아온 뒤 이들은 깜짝 놀랐다. 자신들이 의지했던 지도가 알프스가 아닌 피레네 산맥의 지도였기 때문이다.

그들에게 지도가 없었다면 아예 걸을 용기조차 내지 못했거나 걷다가 포기하고 얼어 죽었을 수 있다. 하지만 지도라는 희망이 있었기 때문에 포기하지 않고 걸을 수 있었다. 비록 그것이 잘못된 지도였음에도 말이다. 이처럼 인간에게 구체적인 꿈과 희망이 있다는 것은 현재의 절망적인 상황을 이겨낼 수 있는 용기와 실행력을 준다. 현실이 아무리 힘들고 괴로워도 꿈과 목표가 명확하다면 그것을 버텨낼 초인적인 힘이 생긴다.

'폼은 일시적이지만 클래스는 영원하다'라는 축구 명언이 있다. 선수의 몸 상태와 경기력은 부침이 있을 수 있지만 최고의 선수가 도달한 능력치와 클래스는 잘 변하지 않는다는 뜻이다. 일시적으로 잘하는 선수와 그것을 계속 유지해서 클래스로 만드는 선수의 차이는 '구체적인 꿈과 목표'에 있다. 오타니와 손흥민을 비롯한 최고 선수들은 세계 최고의 선수가 되겠다는 꿈을 위해 매일 지옥 같은 훈련을 견뎌냈다고 한다. 모든 선수들이 훈련을 열심히 하지만 세계 최고라는 구체적인 목표가 있었기에 힘들어도 남들보다 더 열심히 훈련한 것이다.

폼이 올라왔다고 거기서 만족하고 노력을 게을리하면 발전은 멈춘다. 하지만 구체적인 꿈과 목표가 있다면 그것을 이루거나 유지하기 위해 노력을 지속할 것이고, 노력의 시간이 누적되면 최고 클래스의 선수가 되는 것이다. 인생도 마찬가지다. 노력을 통해 일시적으로 폼을 끌어올릴 수는 있지만 중요한 것은 지속적으로 할 수 있느냐이다. 그리고 이 차이는 구체적인 꿈과 목표가 있느냐 없느냐에 따라

갈린다. 그러니 당장 힘들고 포기하고 싶더라도 땅을 보지 말고 하늘을 보자. 잊지 말자. 별을 따기 위해서는 억지로라도 하늘을 봐야 한다는 것을.

돈을
벌고 싶다면

3가지

덕목을
갖춰야 한다

좋은 투자자의 덕목이란 무엇일까. 많은 사람들이 정보력, 분석력, 자금력 등을 뽑지만 이것들보다 우선시되어야 하는 3가지 덕목이 있다.

❶ 실행력

가장 중요한 덕목은 실행력이다. 아마 많은 사람들이 성공한 사람들의 스토리를 듣거나 책을 읽을 때 이런 생각들을 할 것이다.

'맞는 말 같지만, 진짜 저게 될까?'

'지금 투자하기엔 너무 늦은 건 아닐까?'

'남들 다 하는 건데 왜 이렇게 어렵게 느껴지지?'

이런 막연한 두려움을 깨는 방법은 딱 하나밖에 없다. 직접 부딪혀 보는 거다. 무엇이든 시도해야 한다. 움직여야 한다. 그것이 책이든 강의든 유튜브든 일단 시작하고 봐야 한다. 가장 중요한 것이 첫 발을 내딛는 것이다. 이 책을 읽는 분들이라면 이미 첫 발은 뗀 셈이다. 그렇다면 다음 스텝을 밟아야 한다. 책이나 강의를 충분히 보고 들었다는 생각이 든다면 직접 투자해 봐야 한다. 갭투자든 분양권이든 경매든 상관없다. 관심 분야에 투자하다 보면 공부가 저절로 된다.

처음부터 완벽한 준비를 하고 투자하는 사람은 없다. 일단 시작하고 부딪혀보면, 시행착오를 겪으며 배워나간다. 누가 시키지 않아도 내 돈이 들어가면 눈에 불을 켜고 하게 된다. 만약 잘못된 투자를 했다면 이불 킥하며 새벽에 저절로 눈이 떠지는 기적도 경험해 볼 수 있다. 하지만 시작부터 단추를 잘못 끼우면 아예 포기해 버리거나 나와는 맞지 않다고 생각하며 등을 돌릴 확률이 높다. 그래서 제대로 시작하는 게 중요하다. 당신이 초보자라면 좋은 강의를 들어볼 것을 추천한다. 여러 강의를 들어보되 어디가 오를지 찍어주거나 결과만 알려주는 강의는 피해야 한다. 물고기를 잡는 방법을 알려주는 강의를 들어야 한다. 그래야 혼자 결정할 수 있는 힘도 생기고 실력도 향상된다.

그런데 꼭 이런 사람들이 있다. 실제 투자는 하지 않고 공부만 하거나 강의만 많이 듣는 사람. 물론 강의를 듣는 것은 아주 중요한 부동산 공부법이다. 하지만 강의만 듣는다고 실력이 느는 것은 아니다. 강의 때 배운 것을 바탕으로 실전 투자에서 어떤 것을 느끼고 경험하는지가 중요한 것이지, 강의를 듣는 것 자체가 중요한 것이 아니다. 물론 강의만 듣고 투자하지 못하는 사람들의 심리를 이해 못하는 것은 아니다. 두려울 거다. 아마 이런 마음이 들 것이다.

'진짜 이렇게 투자하면 돈을 벌 수 있을까?'

'혹시 잃으면 어떻게 하지?'

'조금 더 공부해서 더 좋은 투자를 해야겠다.'

▶ **하지만 좋은 강의를 10개 듣는 것보다 강의를 듣지 않고 10건의 투자를 하는 것이 실력 향상에 훨씬 도움이 될 것이다.**

▶ **그러니 너무 완벽한 투자를 위해 이론 공부만 하기보다 실전에서 배운다는 생각으로 첫걸음을 떼면 좋겠다.**

► 단언하건대, 실제로 투자해 보면 강의에선 이해가 안 됐던 부분들이 이해되는 진기한 경험을 하게 될 것이다.

► 아는 만큼 보이고 공부한 만큼 들리기 때문이다.

그러니 일단 저지르자. 아무거나 사라는 말이 아니라 일단 행동하라는 말이다. 처음부터 너무 완벽한 물건을 찾으려고 하기보다 조금 부족하더라도 몇 건을 해보는 것이 장기적으로는 훨씬 도움이 될 수 있다는 마음으로 첫 투자를 하면 좋겠다. 될까 안 될까 고민하는 시간에 하나 더 사고, 이거 살까 저거 살까 고민할 시간에 둘 다 사라. 물론 이 모든 것은 본인의 자금 상황과 리스크 관리를 잘할 수 있다는 가정에서 말하는 것이다. 공부도 안 되어 있고 돈도 없는데 영끌해서 아무거나 지르라는 말이 아니라, 고민하고 공부만 하다가 투자도 못하는 바보가 되지 말라는 뜻이다.

❷ 지구력

투자에서 지구력은 굉장히 중요한 항목이다. 지구력의 사전적 정의는 '오랫동안 버티며 견디는 힘'이다. 부동산 투자는 절대 단기간에 끝나는 싸움이 아니다. 투자는 평생 하는 것인데 많은 사람들이 한 방에 인생 역전하길 바란다. 처음부터 제일 좋은 것을 고르려고 욕심을 낸다. 그런 물건을 만나면 좋겠지만 현실적으로 그런 물건이 초보자에게 가는 것은 불가능에 가깝다. 자금은 부족하고 부동산 입지 비교는 하기 싫은데 좋은 부동산을 사고 싶다? 결코 쉬운 일이 아니다.

일단 모두가 좋아하는 부동산은 비싸다. 내 돈으로 못 살 확률이 높다. 외곽으로 눈을 돌리면 크게 무리하지 않고 살 수는 있지만 성에 안 찬다. 더 좋은 데로 가고 싶어 고민하는 사이 그 지역은 더 올라가 버리고, 그러는 사이 외곽 아파트도 마찬가지 상황이 된다. 그러면 사람들은 아예 투자 자체를 포기해 버린다. 그러고는 자신은 투자와 맞지 않다며 시장 자체를 떠나버린다. 이런 현상이 생기는 이유는 한 방에 모든 것을 해결하고 싶은 욕심 때문이다. 조금 좋지 않더라도 차근차근 단계를 밟으며 상급지로 점프하면 되는데, 더 좋은 곳은 더 많이 오르니 최대한 좋은 것을 사야 한다는 생각으로 고민만 하다가 놓쳐버리는 것이다.

많은 전문가들이 일단 가용자금 범위에서 부동산을 산 후에 상급지로 점프하는 전략을 쓰라는 말에는 이런 뜻이 내포되어 있다. 투자의 경우도 마찬가지다. 너무 좋은 물건을 고르다가 전부 놓치는 경우가 발생한다. 급격한 상승장에서는 단 몇 시간만 늦게 결정해도 물건이 없어져버린다. 고민하는 사이 누군가 가계약금을 보내는 것이다. 조급한 마음에 아무거나 사는 것은 절대 안 되지만, 무조건 제일 좋은 것을 고르겠다는 생각 또한 좋지 않을 수 있다.

▶ **투자에서 지구력이 진짜 중요한 이유는 내 앞마당(비교평가군)이 많으면 많을수록 좋은 투자를 할 수 있는데, 이를 위해서는 부동산 공부를 오랫동안 해야 하기 때문이다. 내 몸은 하나인데 동시에 이곳저곳을 임장할 수 없으니까.**

▶ 계속해서 강조하지만 실력은 결코 하루 아침에 늘지 않는다. 공부와 실전 투자를 통해 서서히 쌓는 것이다.

▶ 하면 할수록 더 나은 투자를 할 수 있다는 끈기를 가지고 시장에서 살아남아야 한다. 그러니 오랫동안 견디며 버티는 힘을 기르자.

투자는 마라톤과 비슷하다. 마라톤을 완주하기 위해서는 페이스 조절이 중요하다. 옆에서 체력 좋고 실력 좋은 사람이 빠른 속도로 달린다고 해서 따라 달리다간 도중에 포기하게 된다. 내가 꾸준히 달릴 수 있는 속도를 찾아 조금씩 거리를 늘리다 보면 어느새 목표점에 닿아 있을 것이다. 비록 남들보다 조금 늦더라도 말이다. 그러니 조급함을 버리고 오랫동안 시장에서 버틸 지구력을 기르기 위해 노력하자.

❸ 청개구리 정신
사람들이 우르르 몰려갈 때 나만 혼자 다른 곳을 바라볼 수 있는 용기
남들이 전부 별로라고 할 때 그 물건을 다시 볼 수 있는 마음가짐
남들이 다 안 된다고 말할 때 해내고 말겠다는 도전 정신

이것이 부동산 투자에서 꼭 필요한 청개구리 정신이다.

좋은 투자란, 어디가 오를지를 예측해서 아무도 관심을 가지지 않을 때 홀로 그 길목에서 그들이 올 때까지 기다리는 것이다. 이게 말이 쉽지 막상 그 상황이 되면 불안할 수밖에 없다. 인간은 다수가 선택하는 것을 선택하면 심리적 안정감을 느끼고, 남들이 선택하지 않는 것을 선택할 때는 굉장한 불안감을 느낀다. 투자자는 이 불안감을 극복할 수 있어야 한다. 모두가 외면하더라도 나만은 확신을 가져야 한다. 그래야 남들이 오기 전에 길목을 지켜 남들보다 한발 빠르게 돈을 벌 수 있다. 반대로 투자자가 쓸어간 지역을 보며 '그 지역은 벌써 끝났어.'라고 대중들이 외면할 때 다시 그 지역을 꼼꼼히 뜯어볼 수 있는 자세도 필요하다.

이렇듯 남들과 반대로 해야 돈을 벌 수 있다. 부자들은 이런 사실을 너무나 명확하게 알고 있다. 그들은 일반인과 다른 뇌를 가지고 있다. 남들이 보지 못하는 것을 보고 남들보다 앞서간다. 이것이 돈 버는 뇌와 못 버는 뇌의 차이다. 대중이 아닌 부자들의 행동방식을 따라야 부자가 될 수 있다. 일반적인 시선에선 우리와 반대로 하는 부자들이 청개구리처럼 보이지만, 부자들의 입장에선 대중들이 청개구리다.

'내가 해봤는데, 안 돼.'

'뱁새가 황새 따라가다가 가랑이 찢어진다.'

이런 조롱과 무시를 이겨낼 수 있는 청개구리 정신이 필요하다. 할 수 없다고 말하는 사람들이 진짜 부자인지 진짜 부동산 고수인지를 잘 생각해 봐야 한다. 만약 그가 부자도 부동산 고수도 아니라면 그 말을 들을 필요가 없다. 한계는 자신이 정할 뿐 남들이 자신의 한계를 정하게 둬서는 안 된다. 정주영 회장의 명언인 '해보기나 해봤어?' 처럼 남들이 안 된다고 할 때 도전할 수 있는 청개구리 정신이야말로 투자자가 꼭 갖춰야 할 마지막 덕목이다.

▶ 모두가 갭투자는 끝났다고 할 때 갭투자를 시작할 수 있는 용기

▶ 지방은 안 오를 거라고 할 때 지방 투자를 할 수 있는 용기

▶ 세금 떼면 남는 게 없다고 할 때 일단 도전해서 조금이라도 수익을 내겠다는 용기

▶ 이 모든 것이 투자자에게 꼭 필요한 청개구리 정신이다.

실행력, 지구력, 청개구리 정신. 이상의 3가지가 투자자가 갖추어야 할 가장 중요한 덕목이다. 이 덕목들을 갖춘 후에 정보력, 분석력, 자금력을 갖춘다면 정말 좋은 투자자가 될 수 있다. 하루 아침에 생기는 능력은 아니지만 늘 이것들을 염두에 둔다면 반드시 좋은 방향으로 성장하는 투자자가 될 수 있을 것이다.

자꾸
틀린 질문만 하면

맞는
대답이

나올 리 없다

많은 사람들이 인생 영화로 꼽는 〈올드 보이〉를 아는가? 영화 마지막쯤에 나오는 대사가 아직도 잊히지 않는다.

"당신의 진짜 실수는 대답을 못 찾은 게 아냐. 자꾸 틀린 질문만 하니까 맞는 대답이 나올 리가 없잖아! 왜 이우진은 오대수를 가뒀을까가 아니라 왜 풀어줬을까야. 왜 이우진은 오대수를 딱 15년 만에 풀어줬을까?"

정말 충격을 받은 장면이다. 영화를 보는 내내 '누가 오대수를 가둔 거지?', '왜 군만두만 줬을까?' 같은 질문만 생각했다. 정작 중요한 것은 '왜 가뒀는지'가 아니라 '왜 풀어줬는지'였다. 왜 풀어줬는지를 물었어야 답을 찾을 수 있었던 것이다. 카카오의 김범수 의장 또한 이 장면을 강조하며 '문제를 어떻게 정의하느냐'를 굉장히 강조했다고 한다. 그 이유는 문제의 정의에 따라 원인 분석과 해결책이 극명하게 달라지기 때문이다. 문제를 어떻게 정의하느냐의 출발이 '올바른 질문'이 된다.

글을 쓰고 강의를 하면서 정말 많은 질문을 받았다. 다음은 가장 많은 유형의 질문들이다.

선택지를 묻는 유형

·매도할까요, 더 들고 갈까요?

·A지역이 좋나요, B지역이 좋나요?

·지금이라도 매수할까요, 더 기다릴까요?

조언, 고견을 구하는 유형

·이런 상황에서 어떻게 하는 게 좋을까요?

·시브님의 투자 지역은 어디인가요?

나는 이런 질문들에 답변을 하지 않는다. 그 이유는 3가지다.

내 답변이 도움이 되지 않는다

내가 답변을 한다고 해서 바로 결정하는 사람은 많지 않다. 그 사람은 다른 전문가에게 가서 똑같은 질문을 할 것이다(심지어 어떤 사람은 나를 다른 닉네임으로 부르며 질문을 보냈다. 같은 질문을 여러 곳에 뿌린 것이다). 확신이 없기 때문이다. 확신이 없는 이유는 내공이 부족하기 때문이고, 내공이 부족한 이유는 공부가 부족하기 때문이다. 계속 질문을 받으면 느낌이 온다. 이 사람이 공부를 열심히 하다가 막혀서 질문한 것인지 아니면 그냥 답답한 마음에 성토하듯 질문한 것인지. 질문자의 대부분은 부동산에 대해 깊게 생각하거나 공부하기보다 전문가가 조언한 대로 따르려고만 한다. 그것이 인생에서 가장 큰 의사 결정일 확률이 높은데도 말이다.

본인은 몇 개월을 고민하고 질문했다고 생각하겠지만, 그 시간은 '고민'한 시간이지 '공부'한 시간은 아니다. 그 고민을 할 시간에 본인 스스로 확신이 들도록 공부해야 하는데 공부는 하지 않고 답답한 마음에 여기저기 같은 질문을 던져놓고 답을 기다리는 것이다. 누군가가 물어주길 바라면서. 이들에게는 내가 똑 부러지는 답을 해줘도 도움이 되지 않는다. 어차피 비슷한 고민을 계속할 테고 그때마다 같은 질문을 반복할 테니 말이다. 내가 답을 해줘도 고민은 끝나지 않을 것이다. '일단 사긴 했는데, 언제 팔아야 되나요?', 'B가 더 좋다고 했는데, 지금이 싼 가격일까요?', '아무래도 A가 너무 아까운데.' 이런 식이다. 그러니 또 다른 전문가를 찾고, 또 질문하고, 또 고민하고, 무한 반복이다.

질문의 무게가 가볍다

많은 사람들이 질문의 무게를 너무 가볍게 생각한다. '모르니까 질문하는데 그게 뭐 어때서?'라고 생각하겠지만, 질문에 대한 답은 답변자의 지식과 노하우다. 재능 기부도 하고 기버의 삶을 사는 전문가도 많지만 질문의 정도가 심한 경우가 너무 많다. 예를 들어, 세금 전문가 블로거의 댓글들을 보면 상담비를 주고 답변을 받아야 할 만큼 무게감 있는 질문들이 많다.

사람들은 네이버 엑스퍼트에게 몇 만원을 내고 해야 할 수준의 질문들을 아무렇지 않게 던진다. 질문의 무게를 너무 낮게 생각하기 때문이다. 심지어는 인사말도 생략하고 질문한다. 그런 질문들을 보면 내가 질문을 받는 당사자가 아님에도 불구하고 기분이 언짢다. 물론 상황이 급해서 질문 받는 사람의 상황이나 심정은 전혀 고려하지 않고 질문한 것일 테다. 질문을 하는 것은 자유지만 최소한의 예의는 갖춰야 한다. 그리고 질문할 자유도 있지만 질문에 대답을 하지 않을 자유도 있다는 것을 인정해야 한다. 그게 질문자의 올바른 태도다.

기억의 왜곡이 발생한다

얼마 전에 아버지와 대화를 나누었다. 사회 초년생 시절, 부모님이 살고 계신 다가구 주택을 리모델링하기 위해 4,000만 원을 신용대출 받아 공사를 했다. 당시 공사비는 지금보다 저렴한 수준이었지만, 옥상 방수공사를 포함해 옥탑방을 다 부수고 평수를 넓힌 만큼 돈이 많이 들었다. 그 공사가 끝나고 전세를 맞춘 금액으로 2층에 있는 세대 공사도 마무리했지만 부모님이 사는 집까지는 공사를 하지 못했다. 결혼을 준비하게 됐기 때문이다. 그런데 아버지는 "내가 그거 공사 하느라고 1억 3,000만 원을 들였는데 재개발을 어떻게 하냐?"라고 말씀하시는 게 아닌가. 아버지가 어디서부터 잘못 기억하고 계신 건지 모르겠지만 나는 아무 말도 하지 않았다.

사람의 기억이란 이런 것 같다. 어떤 전문가의 추천으로 A라는 물건을 샀다고 해보자. 그 물건의 가격이 3억이 올랐다. 그러면 A를 산 사람은 '내가 투자를 잘해서 3억이 오른 거야'라고 생각할까? 아니면 '전문가에게 감사하니 과일이라도 보내야겠다'라고 생각할까? 전자일 확률이 훨씬 높다. 이건 그 사람이 나빠서가 아니라 누구에게나 기억의 왜곡이 발생하기 때문이다. 뒷간에 들어갈 때의 마음과 나올 때의 마음이 다르다는 옛말 그대로다. '월급쟁이부자들'의 수장 너나가 방송에서 이런 말을 한 적이 있다.

"예전에는 선한 마음으로 거의 모든 질문에 답했는데, 나중에 본인이 잘 선택해서 집값이 올랐다고 말하는 것을 듣고 큰 충격을 받았어요."

이 마음이 너무나 이해된다. 〈서울 자가에 대기업 다니는 김부장 이야기〉(송희구, 사삼독, 2021)란 책에도 똑같은 장면이 나온다. 김부장은 집 사는 것을 극구 반대했지만 아내 성화에 못 이겨 집을 샀는데 집값이 오르자 본인이 투자를 잘했기 때문이라고 생각한다. 그래서 자신을 '부동산 투자도 잘하는 대기업 부장'이라고 생각한다. 이렇게 생각하는 사람이 사고를 칠 확률이 높다. 진짜 실력은 없는데 실력이 있다고 믿으니 더 큰돈에 손을 대고 감당할 수 없는 사고를 치게 된다.

이런 3가지 이유로 나는 일부 질문에 답변을 하지 않는다. 질문의 무게를 가볍게 생각하는 사람들에게는 아예 대꾸조차 하지 않는다. 질문자의 관점이 바뀌지 않으면 절대 상황이 바뀌지 않는다고 확신한다. 잘못된 질문을 하면 계속해서 잘못된 답만 돌아올 뿐이다. 그러니 애초에 올바른 질문을 할 수 있도록 노력해야 한다.

늘 질문의 무게를 생각해야 한다. 단순히 "A가 좋아요, B가 좋아요?"를 물을 것이 아니라, A는 어떤 장점과 단점이 있고 현재 내 상황에서는 어떤 메리트와 리스크가 있으며 왜 저평가되었다고 생각하는지를 정리해야 한다. 깊이 고민해서 구체적인 질문을 만들어내야 한다. 적극적으로 배우려고 하고 계속해서 질문을 던지는데도 실력이 늘지 않는다면, 질문부터 점검해 보자. 잘못된 질문에는 틀린 답만 나올 테니 말이다.

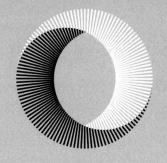

적극적으로 배우려고 하고
계속해서 질문을 던지는데도
실력이 늘지 않는다면,
질문부터 점검해 보자.
잘못된 질문에는
틀린 답만 나올 테니 말이다.

자식
자랑하지 않는

부모가
되기로

결심했다

약 1년 전, 친한 친구와 통화를 했다. 코로나 시국이라 만난 지 오래 되었는데 그동안 못 다한 이야기를 하느라 한참을 통화했다. 보통은 회사나 사업 이야기를 많이 하는데 그날따라 유독 자식 이야기를 많이 하게 됐다. 우리 집 첫째가 5살이고, 친구의 첫째가 4살이었다.

친구 지민이에게는 TV를 아예 안 보여줘. 그러니까 알아서 책을 보더라고. 하루에 1시간은 넘게 보는 것 같아.

나   하니는 TV를 많이 보긴 하는데. 책도 혼자는 절대 안 보고 계속 읽어달라고만 해. 그런데 지민이는 글자를 읽을 수 있어?

친구 단어 몇 개는 읽더라고. 그냥 그림 보고 이해하는 것 같아. 근데 영어유치원을 다녀서 그런지 영어책만 읽고 영어 단어를 얘기하더라고. 하니는?

나   하니는 한글도 아직 모르고 영어에도 관심이 없네. 어렸을 때 영어 만화를 많이 보여줬는데 소용이 없었나봐. 근데 하니는 말을 잘하잖아(자식 자랑에서 지기 싫었음). 다들 말하는 거 보면 7살인 줄 알아. 키도 반에서 제일 커.

친구 요즘 5살에 2개 국어 하는 애들도 많아. 공부는 따로 안 시켜? 영유 다니면 확실히 다른 것 같긴 하더라고. 벌써 학원 보내는 엄마들도 많대. 넌 생각 없어?

나   5살이 2개 국어를 한다고? 하, 고민되네.

대충 이런 대화였다. 원래는 회사나 친구 얘기만 하던 남자 둘이 이런 대화를 나누니 세월이 많이 흘렀구나 싶어 새롭고 신기했다. 나는 아이들 교육에 크게 관심이 없는 편인데도 친구의 이야기를 들으니까 당장 영유를 보내야 하나 고민이 되기 시작했다. 신기했던 건 고슴도치도 제 새끼는 예쁘다고, 친구가 자식 자랑을 하는 것 같으니 나도 지기 싫어서 딸 자랑을 더 하고 싶더라. 왠지 모를 경쟁심도 생기고 말이다. 우리 아이가 친구 아이한테 지면 기분이 안 좋을 것 같았다. 문득 이런 생각이 들었다.

'친구 아이가 2개 국어를 하든 3살에 한글을 읽든, 그게 무슨 상관이지?'

평소에 비교는 남과 하는 것이 아니라 어제의 나와 하는 것이라고 그렇게 강조한 내가 내 자식과 친구 자식을 비교하고 있는 모습이라니. 말과 행동이 일치하지 않는 모습이 한심하고 부끄러웠다. 나는 물론이고 우리 아이도 절대 남과 비교하면 안 되겠다는 생각이 들었다. 내 자신을 남과 비교하며 비참해지는 것보다 내 자식을 남과 비교하여 비참해지는 것이 훨씬 더 슬픈 일이다.

그리고 아이가 원하는 모든 것을 해줄 수 있는 환경을 만들어주되 본인이 선택하고 책임지는 자립심이 강한 아이로 키워야겠다는 생각도 들었다. 공부를 하고 싶다면 공부할 수 있는 환경을, 미술을 하고 싶다면 미술을 할 수 있는 환경을, 노래가 하고 싶다면 노래를 할 수 있는 환경을 만들어주는 것. 그리고 실패하더라도 끊임없이 응원해

주고 우리는 언제나 너의 편이라는 것을 느끼게 해주는 것이 부모의 진짜 역할이 아닐까 생각했다.

삶에서 자식 자랑은 필연적이다. 눈에 넣어도 아프지 않은 내 자식을 자랑하고 싶고 내 자식이 다른 자식들보다 뛰어나기를 바라는 마음은 인간이기 때문에 당연히 생길 수 있다. 특히 부모님 세대를 생각하면 어떻게 그렇게 자식을 위해 헌신하며 사실 수 있었을까 싶다. 나도 자식을 키워보니 부모님이 얼마나 날 힘들게 키우셨는지 이해가 되더라. 이렇게 애지중지 귀하게 키운 자식이니 당연히 모든 것이 예뻐 보이고 자랑하고 싶을 것이다. 너무나 이해가 되지만 한편으로는 이런 생각이 들더라.

'부모님이 내 자랑이 아니라 본인들 자랑을 할 수 있는 삶을 사셨다면 어땠을까'

친구들이나 가족들을 만나면 내 자랑만 하신다는 부모님 말씀에 너무나 감사하지만 죄송한 마음도 든다. 두 분의 인생을 희생해서 나를 키우느라 당신들의 삶에서 자랑할 부분이 별로 없는 게 아닐까 하는 생각에 슬퍼졌다. 나는 너무나 감사하게도 부모님의 노후를 내가 책임질 수 있을 만한 환경을 만들어놨다고 생각하지만, 대부분의 경우 자식들에게 노후를 온전히 맡기기에는 현실이 녹록치 않다. 자신의 삶을 오롯이 희생해서 자식의 성공으로 보상을 받는다면 참 다행이지만 그런 경우는 많지 않다. 그런데 아직도 많은 분들이 알게 모르게 자식의 성공을 통해 본인의 고생을 보상받으려고 한다.

회사 팀장님도 이런 얘기를 했다. "우리 딸이 뭐라고 한 줄 알아? 내가 지금 인서울 대학에 들어가려고 이렇게 공부하는 줄 알아? 이러더라고. 얼마나 다행이냐. 그래도 딸 잘 키워서 노년에 좀 편할 수 있겠다." 인간적으로 너무나 팀장님을 좋아하지만 안타까운 마음이 들었다. 왜냐하면 팀장님의 딸이 명문대에 들어가고 좋은 직장에 취직하다고 해도, 팀장님을 부양하기는 정말 힘들 것이기 때문이다.

솔직히 얘기하면 대기업에 취업해도 제 앞가림하는 것은 쉽지 않다. 부동산만 하더라도 이게 한두 푼인가. 1원도 안 쓰고 15년을 모아야 겨우 집 한 채 살 수 있을 정도이니 부모까지 부양한다는 것은 어찌 보면 불가능에 가까운 일이다. 그런데 팀장님은 딸이 명문대에 들어가면 월 400만 원씩 들어가는 학원비를 노년에 보상받을 수 있을거라 생각하고 있다. 딸의 명문대 입학보다 자신의 노후 준비부터 하는 게 맞는데, 팀장님은 반대로 하고 있다.

실제로 많은 부모들이 자식의 교육비를 대느라 노후 준비를 전혀 못하고 있다. 자식 뒷바라지를 위해 뭐든 할 수 있는 것이 부모지만 자신의 노후 준비는 전혀 되어있지 않은 상태에서 과도한 교육비를 들이는 게 과연 맞는지에 대해서 고민해 봐야 한다.

특히나 자식이 공부에 관심이 있거나 재능이 있는 것도 아닌데 '부모의 욕심' 때문에 무리한 사교육을 시키는 집들이 너무나 많다. 물론 경제적으로 여유가 있는 상태면 얼마든지 이해할 수 있지만, 상당수가 노후는 전혀 준비하지 않은 채 자식 교육에만 매달린다. 겉으로는 자식에게 바라는 것이 없다면서 은연중에는 자식이 노후에 본인들을 챙길 것이라 생각한다.

정반대의 경우도 있다. 우리 고모부 이야기다. 고모부는 3급 공무원으로 은퇴하셨고, 고모는 어린이집 원장이다. 두 분의 경제력이 이미 갖춰져 있기 때문에 자식들에게 의지할 필요가 없는 상황이다. 나름 재테크도 잘해서 노후를 걱정하지 않아도 된다. 그런 고모부의 유일한 불만은 자식들이다. 사촌들은 지방대를 졸업하고 취업 실패 후 3년 넘게 공무원 시험에 도전하고 있다. 둘의 나이가 31살, 29살이니 답답했을 것이다. 고모부는 자식 자랑을 한 적이 없을 정도로 냉정한 성격이어서 사촌들은 늘 기가 죽어있다. 얼마 전에는 집에서 밥을 먹는 사촌들에게 "기생충도 아니고 나이 처먹고 독립도 못하고 저러고 있으니."라고 말씀하셨다고 한다. 아이들 기가 더 죽었을까 봐 속상하다는 고모의 하소연에 마음이 아팠다.

나는 고모부의 마음도 자식을 자랑하고 싶은 어느 부모의 마음과 똑같다고 생각한다. 어디 가서 자식을 자랑하고 싶은데 자식이 내 마음처럼 안 되니 자꾸 남의 자식과 비교가 될 것이다. 그 부족감이 자기 탓으로 느껴지고, 내가 극복할 수 있는 문제가 아니니 더 답답했을 것이다. '내가 해낸 걸 너희는 왜 못하느냐. 다른 애들은 다 잘하는데 왜 너희는 못하느냐.' 이런 마음이 드는 건 자식이 느낄 상실감과 열등감이 안타까운 것도 있겠지만, 자식들의 모습이 고모부에게 투영

되어 남들과 비교되어 그런 게 아닐까 하는 생각이 들었다. 그렇기에 더욱 자식들에게 냉정해지고 엄격하게 변한 게 아닐까.

〈서울 자가에 대기업 다니는 김부장 이야기〉에도 비슷한 내용이 나온다. 김부장은 사업을 하려는 아들이 못마땅하다. 공부를 열심히 해서 좋은 곳(대기업)에 취업했으면 좋겠는데 장사를 하겠다고 하니 이해가 안 되는 것이다. 그런데 이 마음은 자식이 잘되길 바라서가 아니라 남들에게 자식이 대기업 다닌다고 말하면 본인을 더 높일 수 있다는 생각에서 생긴 것이다. 자식은 본인의 소유물이 아니라 독립적인 인격체인데도 말이다. 김부장은 진짜 어른이 아니다. 진짜 어른이란 물리적 나이가 많은 사람이 아니라 '생각의 나이'가 많은 사람이다.

이런 일들을 겪고 나서 자식과 나의 삶에 대해 많은 생각을 하게 됐다. 그리고 스스로에게 어떤 부모가 되고 싶은지를 물어봤다.

있는 그대로의 모습을 사랑하며
어떤 것이 되거나 무엇을 하라고 강요하지 않고
자식에게 그 어떤 대가도 바라지 않는 부모

자식의 성취와 성공을 축하하되
그것이 오롯이 자식의 성과임을 인정하는 부모

혹시 실패하거나 좌절하더라도
늘 같은 자리에서 묵묵하게 응원할 수 있는 부모

나는 이런 부모가 되기 위해 노력하고 있다. 자식들이 독립된 삶을 살게 되면 아내와 세계 일주를 떠날 것이다. 자식들 스스로의 인생을 잘 살길 바라며 응원하고 지원하되 간섭하지 않을 것이고, 우리 부부는 주체적으로 중년과 노년기를 행복하게 살 수 있는 방법을 고민할 것이다. 너무나 자식 자랑이 하고 싶겠지만 꾹 참고 내 삶과 행복에 대한 이야기를 나눌 수 있는 그런 아빠가 되고 싶다. 이것이 내가 생각하는 부모의 역할이고 진짜 멋진 부모가 되는 길이다.

　물론 각자의 상황과 환경이 다르듯 자식 자랑에 대한 생각 또한 다를 것이다. 나 또한 내 생각만이 맞다고 생각하지 않는다. 다만 한 가지 바람이 있다면, 내 주변사람들이 자식 자랑을 통해 느끼는 행복감보다 자기 삶의 행복을 더 우선시했으면 좋겠다. 만약 그렇게 된다면 자식들을 오롯이 독립적인 인격체로 존중하고 사랑할 수 있을 것이다.

○○만
안 해도

부자 될

확률이
높아진다

회사 차장님과 밥을 먹으면서 다음과 같은 대화를 나누었다.

차장   혹시 제수씨는 일해? 직장은 다니는 거야?

나   둘째아이 낳고 나서 육아휴직 중이에요.

차장   아내는 복직한대?

나   아직 모르겠어요. 집에서 애들만 보는 것보다 직장 다니는 게 스
트레스 덜 받는다고 하면 복직하라고 할 거고. 그만두고 애들 옆
에서 더 신경써 주고 싶다면 그렇게 하라고 해야죠.

차장   모아놓은 돈이 많아? 맞벌이 안 하면 힘들어. 애들 학원비에 생활
비에 맨날 마이너스야. 잘 생각해.

나   뭐, 어떻게든 되겠죠.

차장   내 친구는 외벌이인데 제수씨가 부동산으로 돈 좀 벌었나 보더라
고. 부러워 죽겠어. 하남에 3채를 샀는데 지금 자산이 30억이 넘
는다나. 우리 아내는 뭐하는지 모르겠어. 집에서 놀면서 재테크
는 관심도 없고 맨날 동네 엄마들이랑 카페나 다니고.

아마 차장님은 부자가 되기 힘들 것이다. 돈 버는 뇌가 하는 사고
방식이 아니라 전형적으로 못 버는 뇌가 하는 사고방식을 가지고 있
기 때문이다. 만약 차장님이 돈 버는 뇌를 가지고 있었다면 아마 이
렇게 말했을 것이다.

"내 친구는 외벌이인데 제수씨가 부동산으로 돈 좀 벌었나 보더라고. 그래서 나도 그 방법으로 해보려고 어떻게 공부했는지를 물어봤지. 책 몇 권 읽고 강의 들었다기에 나도 그 강의 수강 신청했어."

어떤 차이가 있을까? 앞에서는 자신이 부자가 되지 못한 이유를 아내에게서 찾은 반면, 뒤에서는 자신에게서 찾았다. 부자들은 모든 원인을 자신에게서 찾는 반면, 평범한 사람들은 남에게서 이유를 찾는 경향이 강하다. 그래서 제일 많이 하는 것이 '남 탓'이다. 그게 제일 쉽고 마음이 편해지기 때문이다. 나에게 책임이 있는 게 아니라 남에게 있다고 생각하는 순간, 그 문제는 내가 해결할 수 없는 일, 나와는 관련 없는 일이 되어버린다. 문제의 원인이 내가 아니니 내가 무언가를 할 필요가 없다. 분명 나와 직접 관련이 있는 일이고 우리 가족의 일임에도 불구하고 말이다. 아마 많은 사람들이 자신이 부자가 아닌 이유를 부모님이나 배우자에게서 찾을 것이다. 이런 마음가짐으로는 절대 현재의 상황을 바꿀 수 없다.

'나는 직장을 다니고 아내는 애만 보는데, 재테크 공부까지 내가 해야 돼?'
'나는 워킹맘이고 집안일도 다 하는데, 내가 재테크까지 책임져야 해?'

투자를 시작한 사람이라면 누구나 한 번쯤 이런 고민과 내적 갈등을 겪어봤을 것이다. 나는 충분히 열심히 살고 있으니 배우자가 부동산이든 주식이든 돈을 벌어다주면 얼마나 좋을까. 누구나 한 번쯤은 생각해 봤을 것이다. 특히 투자를 시작한 사람이라면 말이다. 나름대로 열심히 하고 있는데 배우자의 지지가 없다면 더욱더 남 탓하는 마음이 가슴 깊은 곳에서 올라올 것이다. "뭘 한다고 유난을 떨어? 벌면 얼마나 벌겠다고." 만약 배우자가 이렇게 반응한다면 화가 치밀어 오르면서 당장이라도 때려치우고 싶을 것이다. 적극적으로 지지해 줘도 모자랄 판에 뭐가 아쉬워서 열심히 하고 싶겠는가. 이런 생각이 든다고 해서 거기서 그만두면 아무것도 바뀌지 않는다.

이럴 때일수록 마인드컨트롤을 하면서 '모든 게 다 내 탓이오.'라고 생각해야 한다. 마음 깊숙한 곳에서는 내 탓이 아니라고 외치더라도, 나는 정말 누구보다 열심히 살고 있고 나 때문에 우리 집이 가난한 게 아니라고 생각하더라도. 그래야만 문제의 시작점으로 갈 수 있다. 문제의 원인을 내가 아닌 남에게서 찾는 순간, 그 문제는 영영 해결할 수 없다. 하지만 문제의 원인을 나에게서 찾는다면 바로 그 지점부터 문제의 실타래가 풀리기 시작할 것이다.

가난한 A와 B가 있다. 결혼할 때 누구의 도움도 받지 못해 밑바닥부터 시작했다. A는 이렇게 생각한다. '부모님이 돈이 많았다면, 결혼할 때 전셋집만 구해주셨어도, 내가 지금 이렇게 살지는 않을 텐데.' B는 이렇게 생각한다. '부모님이 건강하게 낳아주시고 길러주신 덕분에 내가 좋은 직장에 취업하고 결혼도 할 수 있었어. 꼭 부자가 돼서 부모님께 보답해야지.'

두 사람 중 누가 부자가 될 확률이 높을까? 당연히 B다. 그런데 현실에는 A처럼 생각하고 행동하는 사람이 훨씬 많다. 대놓고 이야기하진 않지만 마음 깊숙한 곳에서 현재의 가난을 내가 아닌 부모 탓으로 돌리는 경우가 정말 많다. 더 많은 것을 물려받고 지원받은 남들과 비교하면서 말이다.

같은 직장을 다니고 있는 C와 D는 결혼 10년 차에 외벌이이고 경기 외곽지역의 전셋집에서 살고 있다. C는 이렇게 생각한다. '아내는 도대체 애들 학교, 학원 보내고 나면 뭐할까? 그 시간에 재테크 공부라도 하면 얼마나 좋아? 아니면 아르바이트라도 하면 좀 좋아? 대놓고 말은 못하겠고, 답답하구만.' D는 이렇게 생각한다. '내가 공부하고 투자하는 걸 아내가 이해해 줘서 다행이다. 애들을 잘 돌봐줘서 내가 공부도 할 수 있고 임장도 다닐 수 있어. 내가 우리 집안을 일으킬 거야. 힘들더라도 우리 가족을 위해 해보자. 인서울 입성! 부자 되기! 할 수 있다!'

두 사람 중 누가 부자가 될 확률이 높을까? 혹시 너무나 뻔한 내용이라고 생각하는가? 뻔한 내용이지만 무언가 찔리는 게 있는가?

머릿속으로 알고 있는 것과 그것을 행동으로 옮기는 것은 전혀 다른 문제다. 사실 알면서도 하기 힘든 것이 남 탓을 하지 않는 것이다. 머릿속으로는 남 탓하면 안 된다고 생각하면서도 마음 깊은 곳에서는 분노가 올라온다. 아무리 생각해도 내가 잘못한 게 없기 때문이다. 돈 버는 뇌와 못 버는 뇌의 차이 중 하나는 마인드컨트롤이다. 아무리 내 탓이 아닌 것 같고 나는 충분히 잘하고 있는 것 같더라도, 모든 것을 내 탓으로 돌리고 모든 문제를 내가 해결해야 한다고 생각하는 것과 그렇지 않은 것은 정말 큰 차이다.

내 강의를 듣는 수강생들의 면면을 살펴보면 정말 대단하다. 출산한 지 3개월도 안 된 분, 애가 셋인 워킹맘, 쓰리잡을 뛰면서 강의를 듣는 슈퍼맨 등. 이분들을 보면서 내가 힘들다고 투정 부릴 자격이 있나 싶다. 책을 쓰고 강의를 하면서 좋아진 점은 주위에 이렇게 열정적인 사람들이 모이니 자극을 받아 더 열심히 하게 된다는 것이다.

부동산 투자를 하기 전에는 주변에 남 탓만 하고 부정적인 사람들만 가득했지만, 투자를 시작하고 주변사람들이 바뀌자 나 또한 긍정적으로 바뀌고 모든 걸 내 탓이라고 생각하게 되더라. 이렇게 남 탓하지 않고 열심히 사는 사람들이 반드시 성공해야 하고, 그럴 수 있다고 믿는다. 이들은 모든 원인을 자신에게서 찾고 적극적으로 문제를 해결하려고 노력할 것이다. 분명 너무나 힘들겠지만, 노력에 대한 보상은 상상 이상일 것이고 결국 본인이 꿈꾸는 대로 인생이 바뀔 것이다.

블로그에 이런 댓글이 달린 적이 있다.

'운은 없었나요? 운 0 기 100? 노력을 인정 못하겠다는 게 아닙니다. 하지만 결론이 결국 '노오오력'이 부족하다로 들려서요. 결국 내가 부자가 안 된 이유는 노력을 안 했고 그 노력을 지속하지 않아서라고 이해하면 될까요?'

내가 운도 있었지만 노력이 더 중요하다고 댓글을 달았고, 다시 이런 댓글이 달렸다.

'그 정도는 저도 알고요. 도발적인 제목에 비해 내용은 '노오오력'이 부족해서 그런 거라고 하셔서요. 저도 노력 없이 운만 믿는다는 건 아니고, 노력은 기본이고 운도 따라줘야 한다는 말을 하는 겁니다. 본인은 운 없이 노력 100으로 여기까지 오신 건가요?'

댓글을 쓴 의도를 내가 오해한 것일 수도 있지만 개인적으로 이런 느낌을 받았다.

'뭐야? 엄청 거창한 건 줄 알았더니, 결국 '노오오력'하라는 말이네? 운 좋아서 돈 번 놈들이 얼마나 많은데. 그놈의 노오오력, 지겹다 지겨워. 부자가 된 사람 중에 노력한 사람도 있겠지만, 운 좋아서 된 놈들은 없겠어? 난 노력 안 한 줄 알아? 운 좋아서 돈 좀 벌었다고 잘난 척하네.'

이 사람의 마음 깊은 곳에도 '남 탓'의 마인드가 있지 않을까. 그런데 아무리 생각해 봐도 모르겠다. 부자가 된 사람들의 노력이 아니라 '운'에 집중하는 것이 무슨 도움이 되는지 말이다. 물론 운도 좋았을 것이다. 그런데 운이 어느 정도 작용한 게 중요할까, 아니면 누구보다 열심히 노력했다는 사실이 중요할까?

성공의 이유를 내가 아닌 다른 곳에서 찾는 것은 남 탓을 하는 것과 다를 바가 없다. 내가 부자가 되지 못한 이유는 노오오력을 안 해서가 아니라 운이 없었기 때문이라고 생각한다면, 언제 올지 모를 그

운에 기대어 노오오력을 하지 않거나 노력을 덜할 것이고, 운도 결국은 나보다 더 노오오력을 한 사람의 것이 될 확률이 높다.

▶ 언제나 결론은 뻔하다. 하지만 이 뻔한 결론을 실천하는 사람은 많지 않다. 그래서 늘 부자가 되는 사람은 소수에 불과하다.

▶ 남 탓을 하면 부자가 될 수 없다. 모든 것을 '내 탓'으로 생각하는 것, 문제의 실타래는 여기서부터 풀린다.

▶ 아무리 좋은 글과 영상을 봐도 행동하지 않으면 아무 것도 변하지 않는다. 이것은 투자의 진리이기도 하지만 인생의 진리이기도 하다.

내가 아는
세상이

전부일
거라는

착각

우리 집 근처에 타임스퀘어라는 복합쇼핑센터가 있다. 영화관, 서점, 실내 동물원뿐만 아니라 쇼핑할 곳도 많아서 우리 가족이 자주 가는 곳이다. 얼마 전 첫째아이가 동물원에 가고 싶다고 하여 평일에 연차를 쓰고 타임스퀘어를 찾았다. 평일인데도 사람이 많았다. '저 사람들은 다 백수인가? 이 시간에 뭐하는 거지?'라고 생각하면서 동시에 '다른 사람들도 나를 백수로 볼 수 있겠구나'라고 생각했다. 나도 연차를 쓰고 갔으면서 왜 다른 사람들은 백수일 거라고 생각했을까?

돈 많은 백수들이 왜 이렇게 많을까?

사람은 아는 만큼만 보고 자기가 아는 세상이 전부라고 착각한다. 평일에 놀이공원이나 유명 관광지에 가면 사람이 많다. 우리는 그들을 백수라고 생각하는 경향이 있다. 그들이 이미 경제적 자유를 이룬 부자여서 놀면서 돈을 쓴다고 생각하는 경우는 거의 없다. 그런데 실제로 부자들을 만나보니 평일에 직장에 얽매이지 않고 자유롭게 놀러다니는 경우가 많았다. 백수라고 생각한 그들이 알고 보면 찐부자일 수 있다는 말이다. 20대 청년이 수입차를 끌고 다니면 보통사람은 그를 카푸어나 금수저로 생각하지 자수성가한 부자일 수 있다는 생각은 하지 않을 것이다. 주변에 그런 사람이 존재하지 않기 때문이다.

별 차이가 아니라고 생각할 수 있지만 어떤 관점으로 보는지에 따라 인생의 태도가 달라질 수 있다. 그들을 카푸어나 금수저로 생각한다면 부정적인 감정이 올라올 것이다. '돈도 없는 카푸어가 허세만 가득하네, 쯧쯧.', '나는 뼈 빠지게 일하다가 하루 쉬는데 저 사람들은 참 팔자 좋다.' 등 그들을 무시하거나 조롱하는 동시에 자신의 현실을 대입하며 자괴감을 느낄 것이다. 만약 그들이 자수성가한 부자라고 생각한다면 궁금증이 생기면서 내가 모르는 세상에 대해 관심을 가질 수 있다. 그리고 좋은 자극을 받을 수 있다. '나보다 어린 거 같은데 어떻게 돈을 벌었을까? 스타트업 대표일까?', '어떻게 하면 경제적, 시간적 자유를 이뤄서 평일에 마음껏 놀러 다닐 수 있을까?' 등으로 사고가 확장될 수 있다. 결국 무엇을 보든 그것을 부정적 감정으로 삼킬지 긍정적 감정으로 승화시킬지는 본인에게 달렸다. 본인이 보는 세상의 깊이에 따라 똑같은 현상을 다르게 해석하기 때문에, 많은 경험을 통해 사고의 폭을 넓히려는 연습을 의식적으로 해야 한다.

인간은 딱 아는 만큼만 보고, 노력한 만큼만 느낀다

사람들은 책을 고를 때 남들의 추천 도서를 선택하는 경우가 많다. 그런데 남들은 다 좋다고 하는데 잘 읽히지 않고 재미가 없는 책들이 있다. 아마 수준의 차이 때문일 것이다. 어떤 사람이 앙드레 코

스톨라니의 〈돈, 뜨겁게 사랑하고 차갑게 다루어라〉(미래의 창, 2015)
라는 책을 추천했다고 해보자. 이미 자기계발서나 투자에 관련된 책
을 여러 권 읽은 사람에게는 이 책이 좋게 다가올 수 있지만, 이제 막
재테크에 관심이 생긴 사람들에게 이 책은 어렵고 잘 읽히지 않을 것
이다. 오히려 초보자에게는 김승호 회장의 〈돈의 속성〉이나 자청의
〈역행자〉, 우석의 〈부의 인문학〉(오픈마인드, 2022) 같은 책이 훨씬
쉽고 재미있을 것이다.

　〈역행자〉나 〈부의 인문학〉 같은 책을 추천하면 꼭 이런 댓글이
달린다. '그거 읽을 시간에 워런 버핏 자서전이나 읽어라.', '100억 이
상 못 번 사람이면 제발 책 좀 쓰지 말아라.' 물론 워런 버핏이나 벤저
민 그레이엄처럼 훌륭한 투자자가 쓴 책의 내용은 깊다. 중요한 것은
그 책의 깊이가 아니라 그 책을 내가 얼마나 이해할 수 있느냐이다. 저런
댓글을 쓴 사람들은 과연 〈현명한 투자자〉(벤저민 그레이엄, 국일증권경제
연구소, 2020) 같은 책을 100% 이해했는지 모르겠지만, 아무리 좋은 책도
소화시키지 못하면 아무 도움이 안 된다는 사실을 알아야 한다.

　결국 아는 만큼만 보이기 때문에, 실력이 부족하다면 내가 소화할
수 있는 책부터 시작해서 차근차근 단계를 올려야 한다. 그래서 책
을 고를 때는 다른 사람들이 추천한 목록을 정리해서 서점에서 직접
10페이지 정도를 읽어보고 선택하는 것이 좋다. 만약 추천받은 책이
재미없고 잘 읽히지 않는다면 좀 더 쉬운 책부터 시작하자. 쉬운 책
이라고 인사이트가 없는 것이 아니다. 어떤 책이든 반드시 배울 점
이 있다. 그것을 단순히 알고만 있는 것과 내 삶에 적용하는 것은 완

전히 다르다. 뻔히 아는 내용이지만 실천하고 있지 않다면 딱 하나만 실천해 보자. 하나의 실천이 인생의 터닝포인트가 될 것이다. 인간은 딱 아는 만큼만 보고, 노력한 만큼만 느낀다는 것을 잊지 말자.

부자가 되고 싶은 이유를 먼저 생각하라

부에 대해 공부할수록 부에 대한 갈망은 점점 더 커지기 마련이다. 아는 것이 많아지는 만큼 새로운 세상이 보이고, 노력한 만큼 보상받고 싶은 심리가 강해지기 때문이다. 하지만 인간이 성장하는 과정은 결코 순탄치 않다. 현재의 수준이 낮으면 낮을수록 밟아야 하는 계단이 많다. 한 계단씩 오르면 보고 느끼는 것들이 많아지지만, 올라가면 올라갈수록 또 다른 세상이 있음을 깨닫게 된다. 아는 것이 많아지고 보이는 것이 많아지는 만큼 새롭게 도전해야 하는 것들이 생긴다. 이런 상황에서는 자신의 한계를 계속해서 깰 수 있느냐에 의해 실력이 결정된다. 한계를 깨기 위해선 그동안 해보지 않았던 도전들을 계속해야 한다. 도전은 성공 여부를 떠나 그 자체에 큰 의미가 있다. 노력하고 부딪히고 도전한 사람만이 느끼는 감정들이 있고, 이것들이 모여 경험치가 되기 때문이다.

물론 도전의 결과가 한 번에 좋게 나온다면 너무도 좋겠지만 그런 경우는 별로 없다. 도전을 수십 번, 수백 번 해야 원하는 결과가 나온다. 중요한 것은 결과가 아니라 그 과정에서 무엇을 느꼈느냐, 그리고 그것을 통해 얼마나 성장했느냐이다. 사람들은 어떤 분야에서건 노력을 통한 성장을 경험한다. 성장 과정은 결코 녹록치 않다. 그래서 목표를 달성하지 못하고 멈추기도 한다. 당장 성과가 보이지 않고 성공까지 가는 과정이 너무나 고통스럽고 괴롭기 때문이다.

이때 꼭 필요한 것이 명확한 목표다. 되고 싶고 이루고 싶은 것이 명확하다면 그것을 이겨낼 수 있는 당위가 생기면서 어려움을 헤쳐나갈 수 있는 힘이 생긴다. 부자가 되고 싶다면, 가장 먼저 할 일은 책 읽기나 강의 수강이 아니라 부자가 되고 싶은 명확한 이유를 생각하라. 막연히 '10억 부자가 되고 싶다', '건물주가 되고 싶다' 같은 목표가 아니라, 내가 좋아하는 것은 무엇이고 그것을 위해서는 얼마가 필요한지, 그리고 그 과정으로 가기 위해 어떤 노력을 해야 하는지에 대한 구체적인 목표와 계획이 있어야 한다.

나는 원하는 시간에 원하는 곳을 자유롭게 여행하고, 먹고 싶고 사고 싶은 것을 가격을 따지지 않고 할 수 있는 인생을 살고 싶다. 이런 삶을 위해 직장에 목을 매는 게 아니라, 원하는 시간에 원하는 일만 할 수 있는 선택의 자유를 갖고 싶다. 그래서 45살까지 순자산 30억과 월 3,000만 원의 현금 흐름을 만들겠다는 목표를 세웠다. 단순히 여기서 그치는 것이 아니라 '45살에는 결혼 10주년이 되니 신혼여행지에서 한 달 살기를 하겠다', '꼬마빌딩이나 원룸 건물의 건물주가 되어 월세 1,500만 원 이상을 받겠다' 등의 구체적인 목표도 세웠다. 목표가 막연했다면 시간이 흐를수록 초심이 흔들렸겠지만, 구체적인 목표가 있으니 매일 그것을 달성한 모습을 상상하면서 힘든 상황을 버텨낸다. 이것이 무언가가 되고 싶은 명확한 이유를 먼저 생각하고 그것에 대한 구체적인 목표를 세워야 하는 이유다. 목표는 구체적일수록 좋다. 부자가 되고 싶다는 막연한 꿈이 있다면, 왜 부자가 되고 싶은지에 대해 먼저 생각하고 부자가 된 모습을 구체적으로 상상하는 연습을 해봤으면 좋겠다.

하지만 아무리 구체적으로 꿈꾼다고 해도 평범한 직장인이 지금의 방식으로 부자가 되는 것이 과연 가능할까? 불가능하다. 평범한 사람이 부자가 되는 방법은 2가지밖에 없다. 사업이나 투자다. 월급쟁이나 장사(시스템화되지 못하는 사업)로는 어느 정도 풍족하게 살 수는 있지만 부자가 되기는 어렵다. 대기업 임원이 되더라도 부자가 될 확률은 낮다. 그런데 많은 직장인들이 임원이 되는 것은 굉장히 어렵게 생각하면서 사업과 투자는 쉽게 생각하는 경향이 있다.

사업과 투자는 결코 만만치 않다. 누구나 도전할 수 있지만 목표를 달성하는 사람은 10% 미만일 것이다. 대부분은 중간에 포기하고 다시 일상으로 돌아가 사는 대로 생각한다. 역시 본인은 투자와 맞지 않으니 직장이나 열심히 다니자고 생각한다. 이렇게 해선 부자가 되고 싶다는 꿈을 절대 이룰 수 없다. 되고 싶은 큰 꿈을 먼저 그리고 그것을 달성하기 위한 구체적인 목표를 단계별로 설정해야 한다. 그것을 매일매일 실행하고 시행착오를 겪으며 수정하고 또 수정해야 한다. 그렇게 오랜 시간을 지속해야 하나의 목표를 겨우 달성할까 말까다. 그런데 너무나 많은 사람들이 명확한 목적의식 없이 막연한 목표만을 가지고 이 꿈에 도전한다. 만약 이것이 당신의 이야기처럼 들린다면, 당신이 가장 먼저 해야 할 일은 구체적인 목표를 세우고 그것을 달성한 모습을 매일 생생하게 그려보는 것이다. 상상한다고 해서 이뤄지는 것은 아니지만, 목표를 달성하는 과정에서 오는 어려움을 극복할 수 있는 힘이 생긴다.

인생은 다음 스테이지로 넘어가는 게임과 비슷하다. 처음에는 쉬워 보이지만 스테이지가 넘어갈수록 점점 더 센 놈들이 나타난다. 그런데 스테이지를 거듭할수록 적들만 강해지는 게 아니라 내 실력도 늘어난다. 이전에는 몰랐던 기술이나 요령이 생기면서 새로운 재미를 느끼고 끝판을 깨야겠다는 도전 의식도 강해진다. 각 스테이지에서 수많은 좌절을 경험하지만 이를 극복하고 포기하지만 않으면 다음 스테이지로 갈 수 있다. 그리고 어느덧 끝판왕 앞에 서있는 자신을 발견한다. 인생도 마찬가지다. 도전하지 않고 노력하지 않았을 때는 보이지 않았던 것들이 노력하면 보이기 시작한다. 그것이 재밌어서 더 높은 곳을 향해 도전하다 보면 어느새 그 근처에 도달해 있다.

인생은 결국 포기하지 않고 끝까지 노력한 사람이 이기는 게임이다. 처음 경험해 보는 세계가 낯설고 힘들겠지만 적응은 금방이다. 이 시기가 지나면 어느덧 실력은 향상되어 있을 것이다. 그러니 지치지 말자. 포기하지 말자. 명확한 꿈과 구체적인 목표를 세워놓고 그것을 위해 묵묵히 걸어 나가자. 어느덧 내가 상상했던 것들이 눈앞에 와있는 기적을 보게 될 테니.

아직도
인생은

한 방
이라고

생각하는
너에게

'강한 놈이 살아남는 것이 아니라, 살아남는 놈이 강한 것이다.'

'빨리 올라가려고 하지 말고 순리대로 가. 결국 오래 버티는 놈이 이기는 거더라.'

충격적이었다. 누구보다 회사에 충성하며 일했고 잘나가던 분이 셨는데, 임원 3년 만에 보직해임이 되셨다. 생각해보니 내가 조기 진급을 했을 때 작은아버지도 이렇게 말씀하셨다.

"빨리 올라가는 게 좋은 게 아니다. 빨리 가려고 너무 욕심내다 보면 적만 많아져."

회사 생활과 투자는 다르긴 하지만 인생이라는 큰 카테고리에서는 똑같은 인사이트를 주는 것 같다. '결국은 오래 살아남는 사람이 최종 승자'라는 진리를.

부동산 투자에서 오래 살아남기 위해서는 어떻게 해야 할까? 우선 잃지 않는 투자를 하겠다고 생각해야 한다. 위험 없는 투자, 무조건 수익이 나는 투자는 없지만 최소한 마음이라도 그렇게 먹어야 한다. 그래야만 높은 수익률과 빠른 수익 실현이 가능한 물건에 집착하지 않을 수 있다. 수익률이 높을 것 같고 빠르게 오를 것 같더라도, 숨겨진 리스크를 보기 위해 노력해야 한다. 자신의 능력에 비해 너무 큰 물건은 욕심내지 말아야 한다. 신용대출과 마이너스 대출을 받으면 더 좋은 A물건을 살 수 있더라도, 무리가 되지 않는 B를 선택해야 한다. 최악의 상황도 생각해야 하기 때문이다.

부동산의 예를 살펴보자. 부동산 갭투자를 할 때 전세를 못 맞출 경우 어떻게 해야 할까? 전세금을 낮췄을 때 추가로 들어갈 투자금은 어디서 융통하지? 주택담보대출은 가능한가? 특히 갭투자의 경우 전세를 맞추는 것이 중요하기 때문에 현재의 전세 매물 수만 보면 안 되고 주변에 신축 입주가 있는지, 더 나아가 투자자들이 몰려오고 있는 상황이라 경쟁 물건이 많이 나오는 상황인지까지 체크해야 한다. 이게 리스크 관리이고, 잃지 않는 투자를 위한 최소한의 준비다.

아무리 좋은 물건이라도 나에게 과분하다 싶으면 과감히 포기할 수 있는 용기도 좋은 투자자가 갖춰야 할 덕목이다. 이번 물건을 놓치면 이런 기회는 다시 없을 것 같고 평생 후회할 것 같지만 꼭 그렇지 않다. 좋은 물건은 언제나 존재하고, 나에게 꼭 맞는 더 좋은 물건이 갑자기 나타나기도 한다. 그러니 상승장에서 좋은 물건을 잡기 위해 너무 욕심 낼 필요도, 그것을 놓쳤다고 아쉬워할 필요도 없다. 실제로 상승장 후반에 많은 사람들이 불나방처럼 달려들었고 그중 상당수가 자신의 선택을 뼈저리게 후회했다. 투자는 평생 하는 거라는 마음가짐으로 평정심을 가지고 리스크와 안전 마진을 고려해야 하는데 그렇지 못한 사람이 많았던 것이다.

부동산을 공부하고 임장을 다니다 보면 괜찮은 물건 1~2개씩은 보인다. 여기서 중요한 건 그 물건과 바로 사랑에 빠지지 않는 것이다. 초보자들의 경우 금사빠(금방 사랑에 빠지는 사람)가 많다. 부동산 금사

빠들은 그 물건이 너무 좋아 보이고 놓치면 후회할 것 같은 생각에 사로잡힌다. 계약을 고민하고 있으면 부동산 소장들이 결정타를 날린다. "바로 전에 보고 간 손님이 계약금 넣는다고 기다리고 있어요. 할 거면 빨리 결정해요." 물론 상승장에서는 빠른 선택을 해서 큰 수익을 거두는 사례들이 많지만, 하락장에서는 이런 선택이 패착이 되기도 한다.

▶ 현명한 투자자는 좋은 물건을 놓치면 후회할 것 같더라도 한 번 더 고민하고 신중하게 다른 물건과 비교평가를 한 후 결정한다.

▶ 결정을 내리기 전에는 반드시 물건에 대해 충분히 공부한 상태여야 하고, 대체할 수 있는 다른 선택지가 있어야 한다.

▶ 그렇게 머릿속으로 비교평가를 빠르게 마무리하고 결론적으로 해당 물건이 더 좋다는 판단이 섰을 때 비로소 의사결정을 할 수 있다.

▶ 이게 좋은 투자자의 마인드이며 시장에서 오래 살아남을 수 있는 방법이다.

▶ 당신이 어떤 종목이든 투자하겠다고 마음을 먹었다면 반드시 명심하자.

"한 번에 몇 억 버는 것에 집착하지 말고, 소액을 벌더라도 평생 잃지 않는 투자를 위해 노력하세요."
이런 마인드로 투자하는 사람이 끝까지 시장에서 살아남을 것이고 원하는 부를 이룰 수 있다. 투자를 하다 보면 눈앞에서 좋은 물건을 놓치는 상황도 만날 수 있고, 옆 사람은 좋은 물건을 쉽게 구하는데 나만 바보처럼 굼뜬 것 같아 답답할 때도 있다. 당연한 일이다. 사람이니까 그럴 수 있다. 절대 본인이 못나서 그런 것이 아니니 너무 자책하지도 조급해하지도 않았으면 좋겠다. 결국 투자에선 한두 번 좋은 투자를 하는 사람이 아닌 끝까지 시장에서 살아남는 사람이 이긴다.

만약 당신이 50세라면 아직 투자할 수 있는 시간이 50년 정도 남았다. 당신이 40세라면, 아직 투자할 수 있는 시간이 60년이나 남았다. 2년에 한 건씩만 투자하고 2년에 1억씩만 벌어도 25억과 30억이다. 상승장을 겪은 사람이라면 2년에 1억이 못 이룰 만한 엄청난 수익이라고 생각하진 않을 것이다.

하락장이 와서 버티지 못하는 사람들은 그동안은 관심도 없다가 상승 후반기가 되어서야 불나방처럼 달려든 사람들이지 투자를 오래 한 사람들이 아니다. 투자의 고수들은 이미 상승 후반기부터 현금 비중을 늘리며 리스크 헷지를 하고 있었다. 이런 큰 흐름만 파악할 수 있다면 잃지는 않는다. 그러니 조급해하지 말자. 지금은 어떻게 해야 되지? 뭘 사야 하지?를 고민할 시기가 아니라 공부해야 하는 시기다. 준비만 제대로 되어있다면, 먹고 살 만한 부를 이룰 시간은 아직 충분하다.

어제의 나보다 단 한 가지라도 나아지기 위해 노력한다면, 미래의 나는 그 누구보다 단단하고 강한 사람이 될 것이다. 그러니 우리가 해야 할 것은 시장에서 살아남아 어제의 나보다 강해지는 것이다. 돈을 벌었다고 너무 자만하지도 말고, 떨어지는 가격을 보며 스트레스도 받지 않았으면 좋겠다. 긴 호흡으로 페이스만 잘 유지한다면 좋은 기회는 다시 올 것이고 끝까지 살아남을 수 있을 것이다. 도착하는 시간은 다 다르겠지만 결국에는 결승점에서 만날 테니.

사람이

사람에게

기적이
될 수 있을까?

나는 사람이 사람에게 기적이 될 수 있다고 믿는다. 내 인생이 실제로 그러했기 때문이다. '기적'의 사전적 정의는 상식으로는 생각할 수 없는 기이한 일이다. 누구보다 평범한 내가 투자하고 책을 쓰고 강의를 하며 큰돈을 벌고 있는 지금 이 상황은 기적과도 같다. 이런 기적은 기적 같은 사람들이 내 주변에 있었기에 가능했다.

결혼 생각이 없었던 내가 아내를 만나 결혼을 결심한 것도 기적이고, 선물처럼 찾아온 두 아이의 탄생도 기적이다. 날 부동산의 세계로 이끌어준 동기도, 내게 블로그를 해보라며 권유한 후배도, 내가 무너지지 않게 응원해 주는 시크릿브라더 수강생 동료들도 모두 기적 같은 사람들이다. 만약 이들이 없었다면 지금의 시크릿브라더는 존재하지 않았을 것이다. 사람이 사람을 통해 충분히 변할 수 있기에 주변에 어떤 사람들이 있는지가 정말 중요하다.

주변사람 다섯 명의 평균이 당신의 모습이다

단도직입적으로 말하겠다. 당신이 지금 부자가 아닌 이유는 당신 주변에 부자가 없기 때문이다. 당신은 딱 주변사람 다섯 명의 평균이다. 당신과 가장 친하거나 자주 만나는 다섯 사람을 떠올려 보라. 아마 지극히 평범하거나 평균 이하의 삶을 살고 있을지 모른다. 주변사람을 바꾸지 않고 당신의 미래를 바꾼다는 것은 불가능에 가깝다. 그러면 이런 반박들을 할 것이다.

"그러면 주변 친구랑 다 절교하라는 말이냐?"

"내 회사 동료들은 죄다 부정적인데 하루 9시간 넘게 얼굴을 맞대고 있다. 회사를 그만두라는 말이냐?"

오해하지 말자. 모든 인간관계를 송두리째 바꾸라는 것이 아니라 한 명씩, 한 시간씩 천천히 바꿔가라는 것이다. 직장인이라면 하루 종일 시간을 보내는 사람들이 직장 동료들이다. 직장 동료와 일 얘기를 안 할 순 없다. 그러나 사적인 대화를 하는 상대는 어느 정도 내가 선택할 수 있다. 내가 모를 뿐이지 회사에도 나와 같은 관심사를 가진 사람들이 숨어있다.

만약 내가 부동산에 관심이 있다면 부동산 이야기를 꺼냈을 때의 반응을 보면 된다. 그 사람이 부동산에 관심을 두고 공부하는 사람인지, 아니면 공부는 하지 않고 자기주장만 강한 사람인지가 보일 것이다. 당연히 전자와 대화하는 시간을 늘려야 한다. 나 또한 직장 동료들과 대화를 하다가 투자에 관심을 가지고 블로그도 시작하게 되었다. 그전에는 일 얘기만 하던 동료들이 어느덧 재테크 메이트가 된 것이다.

이렇게 투자나 자기계발에 적극적인 사람들은 다른 사람들보다 긍정적인 경우가 많다. 회사일이든 재테크든 해보지도 않고 부정적으로 말하는 사람들이 있는 반면 되는 방법을 찾기 위해 노력하고 도전하는 사람들이 있다. 직장 동료도 좋고 친구도 좋다. 주변사람들을 이런 성향의 사람들로 바꾸어야 한다. 주변사람이 바뀌면 대화 주제가 바뀌고 내 생각과 사고방식이 바뀐다. 주변에 긍정적이고 진취적인 사람이 많다면 나도 그들의 모습을 닮아간다. 내가 직접 보고 느끼는 의식이 바뀌는 것도 있지만 내 무의식이 주변사람들의 말과 행동에 영향을 받기 때문이다.

만약 무자본 창업으로 돈을 벌고 싶어서 내 계획을 주변사람들에게 말했다고 해보자. 주변사람들이 "그게 뭔데?", "그거 내 친구가 했는데 안 된다더라. 유튜브 나온 거 다 사기래." 같은 반응을 보인다면 그것에 적극적으로 도전할 수 있겠는가? 주변사람들이 "너도 관심 있어? 나 지금 아이스크림 무인가게 하고 있는데.", "나도 얼마 전 유튜브 보고 관심 생겼는데 그 사람 강의도 하더라. 같이 들어볼래?" 같은 반응을 보인다면? 아마 되든 안 되든 일단 한 단계 더 나아갈 확률이 높을 것이다.

문제는 이런 사람들이 보이지 않을 때다. 그럴 때는 나와 같은 관심사를 가진 사람들의 무리로 들어가면 된다. 부동산 투자에 관심이 있다면 부동산 투자를 하거나 그것을 배우는 그룹으로 들어가면 된다. 강의가 될 수도 있고 단톡방이 될 수도 있다. 그곳에서는 마음껏 부동산 이야기를 할 수 있다. 다들 공통 관심사를 가지고 있기 때문이다. 주변사람들은 부동산 이야기를 꺼내면 관심이 없거나 돈독 오른 놈으로 취급하지만 그곳에서는 모두가 부동산 이야기를 한다. 모두가 되는 방법을 고민하려고 모였기 때문에 부정적인 이야기보다 긍정적으로 되는 방법을 찾으려고 합심한다. 새로운 정보가 나오면 공유하고 모르는 것이 있으면 알려준다. 집단지성의 힘이 발휘되는 공간이다.

어떤 것에 많은 시간을 할애하면 그것을 잘하게 되는 것은 너무나 자연스러운 세상의 이치다. 주변에 공통 관심사를 가진 사람들이 많고 자주 만난다면 내가 지치고 힘들 때도 옆 사람들을 보며 다시 의지를 다질 수 있다. 혼자면 금세 포기할 일도 여럿이 함께하면 오래 지속할 수 있는 힘이 생긴다. 테니스에 관심이 있다면 당분간 테니스에 관심을 둔 사람들만 만나자. 자연스럽게 주변사람 다섯이 테니스에 관심 있는 사람들로 채워질 것이고, 테니스를 위해 쓰는 생각과 시간이 많아질 것이다. 또 저절로 테니스를 잘 치게 될 것이다. 부동산 투자에 관심이 있다면 강의를 수강하고 그 강의를 수강한 수강생 다섯 명과 스터디그룹을 만들어 활동해 보자. 주기적으로 모여 서로 공부한 것을 공유하자. 하기 싫은 공부도 강제성이 있으면 억지로 할 수밖에 없을 것이고 이 시간들이 쌓이면 실력이 늘 것이다.

사람을 바꾸려고 하지 말고 시스템을 바꿔라 라는 말이 있다.

소스를 따뜻하게 유지하기 위해 가스 불을 계속 켜두는 레스토랑이 있었다. 가스비가 너무 많이 나오자 사장은 직원들에게 가스비를 줄이는 사람에게는 인센티브를 줄 테니 다 같이 노력해서 가스비를 줄여보자고 했다. 직원들의 노력으로 전기밥솥 5개에 소스를 담아 보온 상태로 보관했더니 가스비의 40%가 절감됐다고 한다. 사람에게 어떤 효용 가치를 제시하고 바꾸려고 노력하니 문제점이 개선된 것이다. 어머니는 내가 어렸을 때 채소를 먹지 않아 고민이었다고 한다. 그래서 고기와 채소를 잘게 다져서 떡갈비처럼 만들어주었더니 내가 더 달라며 떼를 썼단다.

► 이처럼 사람을 바꾸는 것은 쉽지 않지만 시스템을 바꾸면 그 사람이 환경에 맞게 변하는 경우가 많다.

► 주변사람을 바꾼다는 것은 주변 환경, 즉 시스템을 바꾸는 것이다. 자신을 믿지 말고 시스템을 믿자.

► 할 수 있다고 생각하는 나의 의지를 믿지 말고 내가 할 수밖에 없는 시스템으로 나를 몰아넣자. 내가 나를 바꾸는 것이 아니라 시스템이 나를 자연스럽게 바꿔줄 것이다.

► 이게 시스템의 힘이고, 시스템의 힘은 그만큼 강력하다.

세상에 안 되는 일은 없다 못하는 사람만 존재할 뿐이다

많은 사람들이 어떤 일을 시도조차 하지 못하는 이유는 주변사람 때문일 확률이 높다. 어떤 것을 해보고 싶어서 말을 꺼내면 "내가 그거 해봤는데 뭐 때문에 어렵더라.", "내 친구가 그거 했었는데 망했어." 같은 경험담들을 들려준다. 이런 말을 듣고도 자신 있게 도전하는 사람은 많지 않다. 그런데 잘 생각해보자. 그 방법으로 돈을 번 사람이 진짜 없는지, 아니면 그 사람이 돈을 못 번 것인지 말이다.

주변에 주식으로 부자가 된 사람이 없는 이유는 주식으로 부자가 된 사람은 주식 투자자 중 2%에 불과하기 때문이다. 주변사람이 98%일 뿐이지 주식으로 부자가 못 된다는 명제는 틀렸다. 누군가에게 유튜버가될 거라고 이야기하면 "이미 레드오션이다.", "유튜브로 돈 버는 게 쉽냐? 1%만 돈 번다더라." 등의 반응을 보인다. 그런데 지금도 채널을 개설해서 돈을 버는 유튜버들은 계속해서 나오고 있다. 왜 우리는 유튜버도 아니고 유튜브로 어떻게 돈을 버는지조차 모르는 사람들에게 조언을 구하고 우리의 미래를 재단하게 하는 걸까?

이런 주변의 오지랖 때문에 사람들은 '이게 될까?'라는 생각에 사로잡혀 고민만 한다. 하지만 이런 고민의 시간은 인생에 전혀 도움이 되지 않는다. 중요한 것은 '이게 될까?'를 고민할 게 아니라 무조건 된다는 생각으로 '되는 방법'을 고민해야 한다. 사람은 일을 해낸 사람과 일을 해내지 못한 사람으로 나뉜다. 어떤 일을 해내고 싶다면 그것을 이미 해낸 사람을 찾아가서 그것을 해낸 방법에 대해 물으면 된다. 그것을 해내지 못한 사람들의 푸념과 평계에 집중할 게 아니라, 그것을 해낸 사람들의 시행착오와 노하우를 들으려고 노력해야 한다.

▶ **물론 이렇게 한다고 해서 모두가 성공하는 것은 아니다. 비록 실패했다고 해도 그것이 실패로만 남진 않는다. 무엇이든 직접 부**

덮혀보고 되는 방법을 찾아본 사람은 실패하더라도 '경험치'를 얻게 된다.

▶ 그 경험치는 나중에 다른 것에 도전할 때 반드시 도움이 된다. 하지만 아무것도 하지 않고 머릿속으로 상상만 해본 사람은 경험치를 얻을 수 없다.

▶ 경험치가 없기 때문에 다른 일에 도전조차 못 하거나 실패할 확률이 높다. 그러니 제발 "이게 될까요?"를 묻고 의심할 시간에 되는 방법에 대해 고민하자.

▶ 긍정적인 사람은 '한계'가 없지만, 부정적인 사람은 '한 게' 없다. 당신은 어떤 사람이 되고 싶은가?

책을 보고
강의를 듣는다고

부자
되는 게

아니라는
당신에게

세상에는 유용한 정보가 넘쳐흐른다. 정보의 불균형이 많이 해소되었는데, 왜 부자가 되는 사람은 소수일까? 예전에는 부자들의 생각을 듣거나 부자가 된 방식을 알 수 있는 방법이 별로 없었다. 소수의 사람들이 정보를 독식하고 그들만의 카르텔을 형성하며 부를 유지했다. 하지만 이제는 정보를 쉽게 접할 수 있다. 많은 사람들이 시간을 때우는 유튜브에도 수백만 원짜리 강의 부럽지 않은 좋은 영상들이 많고, 블로그나 카페에도 수준 높은 글들이 많다. 이렇게 양질의 영상이나 좋은 글이 널려있는데, 왜 결국 변하는 사람은 소수일까? 답은 간단하다. 좋은 글과 영상을 봐도 실천하지 않기 때문이다.

아무것도 하지 않은 사람 vs 좋은 글과 영상을 본 사람

어떤 사람이 성공할 확률이 높을까? 대부분의 사람들이 후자를 택할 것이다. 이유는 좋은 글과 영상을 본 것만으로도 한 가지의 행동을 한 것이기 때문이다. 한 단계 더 나아가 보자.

좋은 글과 영상을 보기만 한 사람 vs 거기서 나온 내용을 한 가지라도 따라해 본 사람

어떤 사람이 성공할 확률이 높을까? 이 또한 많은 사람들이 후자를 택할 것이다. 글과 영상을 본 것+1가지를 따라한 것=2가지 행동을 한 것이다. 그러니 당연히 후자가 성공의 확률이 높을 거다. 뻔한 이야기라고? 한 번만 더 해보자.

글과 영상을 보고 느낀 한 가지를 '한 번만' 실천한 사람 vs 그 한 가지를 '1년' 동안 지속한 사람

어떤 사람이 성공할 확률이 높을까? 이 또한 당연히 후자일 것이다. 결국 아무것도 안 한 사람보다 한 가지라도 한 사람이, 한 가지만 한 사람보다는 여러 가지를 한 사람이, 그리고 여러 가지를 한 번만 한 사람보다는 반복해서 한 사람의 성공 확률이 높다. 너무나 뻔한 이야기지만 이를 실천하는 사람이 별로 없기 때문에 늘 소수만이 부자가 된다. 이걸 해낼 수 있는 사람이 어느 집단이나 10%도 안 되고, 나머지 90%는 알아서 떨어져나간다. 그래서 꾸준히 실천만 한다면 어느 집단에서나 10% 안에 들 수 있다. 포기하지 않고 계속하기만 한다면 말이다.

살면서 가장 깨기 어려운 것이 '관성'이다. 왜냐하면 지금처럼 사는 게 가장 편하기 때문이다. '사는 대로 생각하지 말고, 생각대로 살아라'. 좋아하는 말 중에 하나다. 사람들은 자신이 올바른 방향으로 나아가고 있다고 착각한다. 하지만 사람들은 그동안 살아왔던 관성대로 나아가고 있을 뿐이다. 그 길이 맞는지 틀린지 고민도 하지 않으면서 말이다. 그냥 사는 대로 생각하는 거다. 하지만 생각대로 사는 것은 다르다. 현재 가는 방향이 맞는지 스스로에게 끊임없이 묻고 잘못된 점은 바로 잡으려고 하며 더 좋은 것이 있으면 받아들이고 바꾸려고 한다. 이게 생각대로 사는 삶이다. 소수만이 부자가 되는 이유는 대부분이 생각대로 살지 않고 사는 대로 생각하기 때문이다. 10% 미만의 소수만이 생각대로 산다는 말이다.

▶ 관성의 법칙은 '외부에서 힘이 가해지지 않는 한 모든 물체는 자기의 상태를 그대로 유지하려고 하는 것'이다.

▶ 인간은 현재 자기 상태를 그대로 유지하려고 한다. 가장 편한 상태이기 때문이다. 어쩌면 유전적으로 그렇게 세팅이 되어있는 건지도 모르겠다.

▶ 원래의 삶이 가장 익숙하고 편하고 자연스럽기 때문에 굳이 바꿀 필요성을 못 느끼고 바꾸고 싶어 잠깐 시도해 봤다가도 다시 가장 편한 상태로 돌아온다.

▶ 관성의 법칙을 깨야 부자가 될 수 있다. 관성을 무너뜨려야만 성공할 수 있다.

▶ 아침에 일찍 일어나기 힘든가? 운동하려니 귀찮은가? 책을 펴니 잠이 쏟아지는가? 강의 하나 듣는다고 인생이 바뀔까 고민되나? 이 모든 것이 당신이 그동안 살아왔던 관성과의 싸움이다.

▶ 이 싸움에서 이기는 사람만이 성공의 열차에 올라탈 수 있다. 대부분의 사람들은 이 열차에 올라타지 못한 채 세상에 순응하며 살아간다.

이 글을 읽고 무언가를 느껴 하나라도 실천하는 사람이 1,000명 정도라고 가정해 보자. 1년 이상 실천하는 사람은 1,000명 중에 100명이나 될까? 아마 10명도 안 될 것이다. 이게 성공하는 사람이 소수인 이유다. 또다시 어떤 이유들, 핑계들, 안 좋은 마음들이 피어나겠지만 악마와의 싸움에서 이기지 못하면 다시 사는 대로 생각하는 삶으로 돌아가게 된다.

성공한 사람들은 이미 과거의 나쁜 관성에서 벗어나 현재의 성공 관성에 올라탄 사람들이다. 결국 핵심은 나쁜 관성에서 성공 관성으로 옮겨 탈 수 있느냐 없느냐이다. 왜냐하면 우리가 앞서 본 것과 같이 인간은 살아온 대로 사는 게 가장 편하기 때문이다. 결국 성공도 실패도 습관이다.

생각대로 사는 것은 다르다.
현재 가는 방향이 맞는지 스스로에게
끊임없이 묻고 잘못된 점은
바로 잡으려고 하며 더 좋은 것이 있으면
받아들이고 바꾸려고 한다.

두려움에 대하여

부동산 투자에 눈을 뜨고 시크릿브라더라는 부캐가 자리를 잡으면서 가장 많이 들었던 질문이 있습니다.

"왜 직장을 그만두지 않으세요?"

질문을 받을 때마다 저는 업무 강도가 낮아서 부캐 활동과 충분히 병행이 가능하고 직장 생활의 만족도가 높아서 아직은 다닐 만하다고 말하지만, 사실 가장 깊숙한 곳에 숨겨진 이유는 '두려움' 때문인 것 같습니다. '만약 내가 투자한 물건들이 다 폭락하면 어떡하지?', '강의를 찾는 사람들이 없어지면 어떡하지?', '내가 쌓아놓은 모든 것이 한순간에 무너지면 어떡하지?' 매일 이런 걱정과 두려움이 불현듯 찾아옵니다. 목표한 시점에 목표한 금액을 달성하면 그만두겠다고 말하고 있지만, 솔직히 잘 모르겠습니다. 한 치 앞도 볼 수 없는 것이 인생이니까요. 투자로 돈을 벌고 책과 강의도 잘되니 많은 사람들이 걱정 없이 행복하겠다고 말하지만 사실은 매일이 불안하고 두렵습니다. 이 두려움을 이겨내기 위해 미래를 계획하고, 행동하고, 발생하는 상황에 대응해 나가려고 노력할 뿐이지요.

'지금 충분히 잘 벌고 있고 평생을 써먹을 수 있는 투자법도 알고 있는데 왜 이렇게 두려워할까?'에 대해 깊게 고민해 본 적이 있습니다. 제가 내린 결론은 '두려움 앞에 솔직해지자'는 것입니다. 두려움의 감정이 올라올 때 이것을 피하거나 외면하려 하지 말고 당당하게 맞서는 게 좋겠다는 결론을 내렸습니다. 이 감정은 저뿐 아니라 모두에게 올 수 있고, 이것을 슬기롭게 이겨낼 수 있는지에서 인생의 성패가 갈린다고 생각했기 때문입니다.

사람들은 상위 1%의 연예인을 보면 걱정 없이 행복하겠다고 생각합니다. 하지만 그들도 저와 비슷한 두려움을 느끼고 있을 겁니다. 출연 작품이 잘됐다고 해서 다음 작품에 캐스팅이 된다는 보장도 없고, 지금은 많은 제작사에서 찾아주지만 언제 자신을 대체하는 스타가 나타날지 모르기 때문입니다.

대한민국에서 가장 유명하고 캐스팅 걱정이 없을 것 같은 유재석도 "미래는 알 수 없으니 매일 최선을 다할 뿐이죠."라고 말할 정도로 누구에게나 막연한 두려움과 걱정은 있습니다. 다만 이것을 이겨내기 위해 한 작품 한 작품 최선을 다하고, 더 잘하기 위해 노력할 뿐이죠. 유재석이 담배를 끊고 매일 운동을 하는 이유도 여기에 있다고 생각합니다. 미래에 아무도 자신을 찾지 않는 순간이 올 수 있지만 지금 하고 있는 방송에 최선을 다하기 위해 최고의 몸 상태를 만들어 놓는 거죠. 그렇게 하루하루 자신의 프로그램을 위해 최선을 다하다 보니 지금의 자리까지 올라갔고, 그 자리를 오랫동안 유지하고 있는 것입니다.

또 다른 예를 들어볼게요. 예능에서 활발히 활동하면서 많은 돈을 벌고 있는 양세형과 박나래는 절친한 친구지만 다른 성향을 가지고 있습니다. 양세형은 자신의 능력을 의심하지 않고 잘되고 있지 않은 상황에서도 무조건 자기는 잘될 수밖에 없다고 자기 최면을 걸지만, 박나래는 자신의 선택이 늘 의심되어 하루하루가 걱정되고 두렵다고 합니다. 결과적으로 둘 다 완전히 자리를 잡았습니다. 이들의 공통점은 자신에게 주어진 일을 묵묵히 해낸 것이라고 생각합니다. 하루하루 자신이 목표한 것들을 위해 최선을 다해서 살았더니 어느새 그 자리에 있게 된 겁니다.

어떤 길을 가는 과정에서 두려움을 느끼는 사람과 그렇지 않은 사람이 있습니다. 결과는 그런 감정을 느끼느냐 아니냐가 아닌 묵묵히 그것을 해내느냐 아니냐에서 갈립니다. 아마 박나래 같은 사람들은 여전히 두려움을 느끼고 있을 것입니다. 지금 잘되고 있는 일이 끊기면 어떡하지? 인기가 없어지면 어떡하지? 하루에도 몇 번씩 고민하겠지만 중요한 것은 지금도 자신의 일에 최선을 다하고 있고 최선의 결과를 만들기 위해 하루하루 노력하고 있다는 사실입니다.

시장이 차갑게 식어버리고 돈 벌기 어려운 시기가 오자 사람들은 또다시 두려워하기 시작했습니다. 아무 생각이 없는 사람들보다 누구보다 열심히 공부하고 치열하게 살고 있는 사람들이 더 큰 걱정을 하고 불안해합니다. 지금 내가 하고 있는 게 맞는지 매일 의구심이 들 것이고 막막한 미래가 두려울 것입니다. 하루에도 몇 번씩 포기하고 싶고 다시 아무 생각 없던 예전으로 돌아가고 싶기도 할 것입니다.

너무나 당연한 감정입니다. 누구나 그런 마음이 들 수 있습니다. 하지만 누구나 그렇기 때문에 여기서 한 걸음만 더 나아가면 된다고도 생각합니다. 누구나 비슷한 시점에서 비슷한 생각을 하기 때문에 그들보다 두세 걸음이 아닌 딱 한 걸음만 더 내딛으면 됩니다. 이렇게 한 걸음씩 내딛다 보면 결국 도착점에 가장 먼저 도착하는 사람은 당신이 될 확률이 높습니다.

두려움은 생기지 않는 것이 아니라 의식적으로 이겨내는 것입니다. 그리고 두려움을 이겨낼 수 있는 믿음은 머리가 아닌 행동에서 나옵니다. 무섭다고, 두렵다고 터널 안에 웅크려 앉아 움직이지 않으면 결코 터널 밖으로 나올 수 없습니다. 아무리 머릿속으로 그럴 듯한 희망 회로를 돌려봐도 마찬가지입니다. 막막하고 앞이 보이지 않는 상황에서도 이것을 이겨내고 한 걸음씩 뚜벅뚜벅 걷다 보면 한줄기 빛이 보일 겁니다.

그러니 막연한 두려움 때문에 주저앉지 말고, 한 걸음씩 내딛어 봅시다. 지금은 별 거 아닌 거 같은 한 걸음들이 쌓여 결국은 터널을 탈

출할 수 있게 만들어줄 테니까요. 이 책이 캄캄한 터널 속에 있는 당신에게 한 줄기 빛이 되길 간절히 소망합니다.

마지막으로 감사 인사를 전하며 글을 마무리하고자 합니다.

좋은 책을 만들기 위해 항상 노력하시는 편집자님을 포함한 황금부엉이 출판사에 먼저 감사드립니다. 저를 부동산 세계로 이끌어주고 지금도 좋은 인사이트로 도움을 주는 부럽님, 제 부캐가 자리 잡을 수 있도록 직간접적으로 도움을 주신 은퇴연구소님, 김작가님, 휠휠님, 북극성주님, 너나위님, 렘군님께 진심으로 감사드립니다. 그리고 이제는 1,000명을 훌쩍 넘겨버린 시크릿브라더 수강생들에게도 감사의 인사를 전합니다. 제가 포기하고 싶을 때, 잠깐 쉬고 싶을 때, 그리고 건강이 안 좋아졌을 때도 진심으로 걱정하고 응원해 준 그 마음 잊지 않고 앞으로도 맨 앞에서 우리 모두 부자가 될 수 있도록 솔선수범하겠습니다.

제가 잘되길 바라며 늘 응원해 주시는 부모님, 부족한 형을 잘 따라주는 착한 동생과 부족한 동생을 진심으로 사랑해 주는 제수씨에게도 감사를 전합니다. 우리 아이들을 친자식보다 더 사랑하고 아껴주는 처형과 처남, 누구보다 저희 가족을 아끼고 사랑해 주시는 장인어른과 장모님께도 진심으로 감사드립니다. 마지막으로 세상 누구보다 착하고 예쁜 첫째 딸과 이 세상 누구보다 귀여운 쩡쩡이 둘째, 그리고 내 삶의 이유이자 지금의 나를 만들어준 사랑하는 아내에게도 진심으로 감사합니다. 결혼 전 했던 약속처럼 이 세상 모든 것이 변하더라도 당신을 사랑하는 마음은 변치 않을 것입니다. 항상 나를 믿어주고 응원해 주고 사랑해 줘서 고맙습니다. 이 세상 누구보다 당신을 행복하게 해주겠다는 약속 꼭 지킬게요. 사랑합니다.

당신이 걱정 없이 행복했으면 좋겠습니다
시크릿브라더

돈 버는 뇌
못 버는 뇌

2023년 10월 4일 초판 1쇄 인쇄
2023년 10월 11일 초판 1쇄 발행

지은이 | 시크릿브라더
펴낸이 | 이종춘
펴낸곳 | (주)첨단

주소 | 서울시 마포구 양화로 127 (서교동) 첨단빌딩 3층
전화 | 02-338-9151
팩스 | 02-338-9155
인터넷 홈페이지 | www.goldenowl.co.kr
출판등록 | 2000년 2월 15일 제2000-000035호

본부장 | 홍종훈
편집 | 문다해
교정 | 강현주
디자인 | 어나더페이퍼, 조수빈
전략마케팅 | 구본철, 차정욱, 오영일, 나진호, 강호묵
제작 | 김유석
경영지원 | 이금선, 최미숙

ISBN 978-89-6030-620-2 03320

- BM 황금부엉이는 (주)첨단의 단행본 출판 브랜드입니다.

황금부엉이에서 출간하고 싶은 원고가 있으신가요? 생각해보신 책의 제목(가제), 내용에 대한 소개, 간단한 자기소개, 연락처를 book@goldenowl.co.kr 메일로 보내주세요. 집필하신 원고가 있다면 원고의 일부 또는 전체를 함께 보내주시면 더욱 좋습니다. 책의 집필이 아닌 기획안을 제안해주셔도 좋습니다. 보내주신 분이 저 자신이라는 마음으로 정성을 다해 검토하겠습니다.